AF545282

Umdenken

Fröhliche Wissenschaft 189

Wolfgang Welsch

Umdenken

Miniaturen zu Hegel

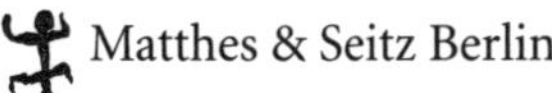
Matthes & Seitz Berlin

Inhalt

Für Darya,
die mir einen immer wieder anderen Hegel
gezeigt hat

Vorwort

Hegel gilt als schwierig und abstrakt, als Meisterdenker, als großspurig und vieles mehr. Das mag alles sein. Aber ebenso sehr ist Hegel unterhaltsam und ironisch, immens gebildet und philosophisch von größtem Gewicht. Er ist ein Gigant, ein Proteus, ein Kontinent. Hier soll nicht der ganze Kontinent vermessen, nicht das System durchforstet, nicht Hegels Idealismus als solcher gepriesen oder zurückgewiesen werden. Hier steht ein kleineres Ziel im Blick. Hegel, das soll im Folgenden gezeigt werden, rückt vieles zurecht. Er deckt in vertrauten Überzeugungen gravierende Irrtümer auf. Er zeigt, dass eher das Gegenteil dessen, was wir für offensichtlich halten, wahr ist. Er kehrt unser Bewusstsein um.

Das soll im weiteren Verlauf an elf exemplarischen Fällen demonstriert werden. Dadurch mag auch der interessierte Laie Zugang zu Hegel finden. Um Hegel zu verstehen, braucht es kein Spezialstudium, sondern Hegel trägt Dinge vor, die schlicht einsehbar und vernünftig sind. Das gilt jedenfalls für die ausgewählten Themen. Ob es auch für andere, gar für alle Thesen Hegels zutrifft, mag der Leser, wenn er sich durch diese Stichproben zu weiterer Befassung mit Hegel motiviert findet, selbst herausfinden.

Im Übrigen: Man lobt eine Philosophie nicht, indem man sie für schwierig erklärt. Man dient ihr, indem man ihren Gehalt verständlich macht.

Berlin, den 27. August 2020

Wolfgang Welsch

1. Ist die Philosophie abstrakt?[1]

Hegel gilt vielen als schwierig, einigen sogar als unverständlich. Das hat Gründe. Hegels *Logik* ist in der Tat hartes Brot – sehr hartes Brot. Die *Enzyklopädie* ist es kaum weniger. Hingegen sind die *Vorlesungen über die Ästhetik* gut zu lesen – kein Wunder, sie stammen nicht aus der Feder Hegels, sondern von Zuhörern seiner Vorlesungen.

Wer denkt abstrakt?

Hegel selbst konnte jedoch auch anders. Er vermochte leicht, amüsant, unterhaltsam zu schreiben. Und das ohne den philosophischen Gehalt einzuschränken. Das beste Beispiel dafür ist ein Essay, den Hegel vermutlich 1807 verfasst hat – im selben Jahr, in dem er seine epochemachende *Phänomenologie des Geistes* publizierte. Der Essay trägt den Titel *Wer denkt abstrakt?* Hegel bleibt damit im Kernbereich der Philosophie: Es geht um das Denken. Allerdings thematisiert er das abstrakte Denken – eine Form des Denkens, der seine Kritik gilt.

Hegels These lautet: *Abstrakt denkt der ungebildete Mensch, nicht der gebildete* (2, 577).[2] Hegel erläutert dies durch Beispiele. Als erstes führt er den Fall eines Mörders an. Für das »gemeine Volk« ist dieser »nichts weiter als ein Mörder« (577). Dieses eine Prädikat überschattet alle anderen. Das ist es, was Hegel ›abstraktes Denken‹ nennt: »Dies heißt abstrakt gedacht, in dem Mörder nichts als dies Abstrakte, daß er ein Mörder ist, zu sehen und durch diese einfache Qualität alles übrige menschliche Wesen an ihm zu vertilgen« (578).

Zweifellos ist der Betreffende ein Mörder. Aber ist er nicht noch vieles andere? Ist er nicht auch ein Familienvater, ein Bergarbeiter, ein Feuerwehrmann, ein Freizeitangler, ein Vogelfreund? All das aber fällt dahin, all diese anderen Qualitäten werden im Schlund der einen, dass er gemordet hat, versenkt. Das ist das abstrakte Denken, wie man es im Alltag oft antrifft. Wer davon abweicht, wird sogleich attackiert. Als einige Damen, während der Mörder zur Richtstätte geführt wird, bemerken, »daß er ein kräftiger, schöner, interessanter Mann« sei, reagieren andere sogleich empört: »Was, ein Mörder schön? Wie kann man [...] einen Mörder schön nennen; ihr seid auch wohl etwas nicht viel Besseres!« (578) Oder wenn ein Menschenkenner die Lebensgeschichte des Mörders erforscht und dabei Gründe findet, warum dieser zum Verbrecher wurde, so wird er schnell mit dem Vorwurf konfrontiert, er wolle »diesen Mörder entschuldigen« (578). Ein Mord ist ein Mord – da haben doch weitere Aspekte nichts verloren. Die ganze Lebensgeschichte und alle Umstände verblassen angesichts des einen Prädikats »Mord«.

Nur gut, dass doch nicht alle Leute so simplifizierend denken. Eine »alte Frau, ein Spitalweib«, schreibt Hegel, hat »die Abstraktion des Mörders getötet und ihn zur Ehre lebendig gemacht« (579). Wie das? »Das abgeschlagene Haupt war aufs Schafott gelegt, und es war Sonnenschein; wie doch so schön, sagte sie, Gottes Gnadensonne sein Haupt beglänzt! […] Jene Frau sah, daß der Mörderkopf von der Sonne beschienen wurde und es also auch noch wert war. Sie erhob ihn von der Strafe des Schafotts in die Sonnengnade Gottes« (579). Diese alte Frau war noch für andere Aspekte als den des Mordes offen und freute sich, auch Gnade und Erlösung wahrzunehmen. Sie sah über den Tellerrand des Hauptprädikats hinaus. Sie folgte nicht dem Gebot der Abstraktion – dem Gebot zur Verengung, zur Vereinseitigung –, sondern sie »tötete« diese Abstraktion, indem sie auch noch anderen Aspekten Raum gab.

Als nächstes Beispiel wählt Hegel das einer Marktfrau (»Hökersfrau«). Sie verkauft Eier. Als eine Kundin ihre Eier als faul bezeichnet, rastet die Marktfrau aus. Sie hat nur noch das Prädikat »faul« im Sinn und versenkt alles an der Käuferin in den Orkus dieses einen Prädikats. »Sie mag mir faul sein!« (579) Daraufhin belegt sie auch den Vater, die Mutter und die Großmutter der Käuferin mit diesem Prädikat und dehnt es selbst auf deren Kleidung und Lebensführung aus. »Kurz, sie läßt keinen guten Faden an ihr. Sie denkt abstrakt und subsumiert sie [...] ganz allein unter das Verbrechen, daß sie die Eier faul gefunden hat.« (579 f.) Da herrscht wieder die Furie der Abstraktion. Würde die Käuferin im nächsten Moment einem armen Jungen eine Münze schenken, so würde die Marktfrau vermutlich auch dies noch als Zeichen ihrer Verderbtheit brandmarken. Dem Würgegriff der Abstraktion entkommt, wo er einmal zupackt, nichts. Die Marktfrau lässt an der Käuferin kein gutes Haar: »Alles an ihr ist durch und durch mit diesen faulen Eiern gefärbt« (580). – Die Offiziere hingegen, mit denen die Käuferin der Marktfrau zufolge Umgang pflegt, mögen, so Hegel schelmisch, »ganz andere Dinge an ihr zu sehen bekommen« (580). Oder ist deren Perspektive vielleicht ebenso einseitig, tendenziell ähnlich abstrakt?

Hegels drittes Beispiel ist das Verhalten eines Herrn gegenüber seinem Diener. Der »gemeine Mensch«, schreibt Hegel, hat ein abstraktes Verhältnis zu seinem Diener: »Er verhält sich zu diesem nur als zu einem Bedienten; an diesem einen Prädikat hält er fest« (580). Hingegen nimmt der »vornehme Mann« zwar auch die Dienste des Bedienten in Anspruch, aber er ist darüber hinaus »familiär mit dem Bedienten [...] oder sogar gut Freund mit ihm« (580). Er legt ihn nicht auf das Diener-Prädikat fest, sondern sieht in ihm einen Menschen mit Fleisch und Blut, mit Bedürfnissen, Kenntnissen und Lebenserfahrung, und er profitiert gerne auch von seinen Qualitäten. »Der vornehme Mann weiß, daß der Bediente nicht nur Bedienter ist, sondern auch die Stadtneuigkeiten weiß, die Mädchen kennt, gute Anschläge im Kopfe hat« (580). Er sieht in ihm einen Menschen, nicht nur einen Diener – und fährt damit selber gut.

»Es gibt, es sei in der Wirklichkeit oder im Gedanken, kein so Einfaches und so Abstraktes, wie man es sich gewöhnlich vorstellt«

Die Abstraktion verengt und reduziert. Im Unterschied dazu gehört zum Leben und zur Menschlichkeit der Reichtum vieler Qualitäten. Und noch einmal: Nicht die Gebildeten oder die Philosophen sind die Vertreter der Abstraktion, sondern die Ungebildeten, das »gemeine Volk«. Die übliche Einschätzung, dass die Philosophie abstrakt sei, ist ihrerseits schon Ergebnis einer Abstraktion: Man glaubt, dass die Philosophie das sei – und bewahrt sich dadurch davor, sich überhaupt auf sie einzulassen und das eigene Vorurteil einer Prüfung auszusetzen (575). Das abstrakte Denken, das im Alltag grassiert, ist ungeheuer bequem. Es hat für alles passende Schubladen – große, gefräßige Schubladen. An diesen hält es fest, in sie ordnet es alles ein. Die so rubrizierte Welt ist herrlich übersichtlich, wunderbar stabil und leicht zu händeln.

Wovon sich dieses abstrakte Denken hingegen permanent fernhält, ist die »Anstrengung des Begriffs« – die für Hegel das A und O des philosophischen Denkens darstellt. Die begriffliche Anstrengung lässt die abstrakten Bestimmungen hinter sich, indem sie aufdeckt, wie alles durch ein komplexes Gefüge von Bestimmungen geprägt ist, das sich mit den armseligen Schablonen der Abstraktion nicht fassen lässt. Es gibt, so Hegel, weder in der Wirklichkeit noch im Denken ein »so Einfaches und so Abstraktes, wie man es sich gewöhnlich vorstellt« (6, 555). Das Philosophieren hängt daran, über solch einfache Abstraktionen hinauszugelangen. Alles andere ist Alltagsdumpfheit oder Philisterei.

Wenn Hegel der Philosophie attestiert, nicht abstrakt zu sein,[3] so trifft das jedoch nicht auf jede Form von Philosophie zu. Allzu oft wird auch hier (zumal in der Gegenwart) grässlich einseitig argumentiert, wird eine Petitesse zum Prinzip der Welt hochstilisiert. Schon Hegel selbst sah reichlich Anlass, Abstraktheit in der Philosophie zu kritisieren. Er hatte dabei vor allem die kantische Philosophie im Auge. Heutzutage wäre das disproportioniert. Wir haben weitaus krassere Fälle erlebt. Dass die Philosophie insgesamt nicht abstrakt sei, ist leider kein Faktum, sondern Ideal und Appell.

Aktualität

Wie fern ist uns Hegels Analyse heute? Oder wie nah – wie bedrängend nah? Derzeit ist es nicht mehr in erster Linie »das gemeine Volk«, das abstrakt denkt, sondern hohe Entscheidungsträger in Politik und Wirtschaft bedienen sich genüsslich und erfolgreich dieser Methode. Das Verfahren grassiert extrem in der unsozialsten Erscheinung unserer Zeit, den »Social Media«. Simplifizierung und Reduktion bis zur völligen Entstellung sind dort an der Tagesordnung.

Pauschalisierungen überall: »die Migranten«, »die Chinesen«, »die Reichen«, »die Politiker«. Die Beschneidungen, die Amputationen sind unerträglich – nicht nur die solcher »Gruppen«, sondern vor allem die unseres Bewusstseins, unseres Verstandes, unserer Empathie, unserer Wachheit. Man heuchelt Übersichtlichkeit, man prahlt mit

Klarheit – und zerstört damit doch in Wahrheit Vernunft, Zusammenleben und Menschlichkeit. Hegel hat seinen Essay als Satire geschrieben. Heute könnte einem dabei das Wort im Halse steckenbleiben.

2. Die vielen Gestalten der einen Philosophie

Hegel vertritt bezüglich der Geschichte der Philosophie zwei Thesen. Erstens existieren die geschichtlich unterschiedlichen Positionen ihm zufolge nicht unabhängig voneinander. Sie stellen nicht philosophische Solitäre, sondern gemeinsame Glieder am einen Bau der Philosophie dar. Eine jede Philosophie entfaltet ein Moment, das zur Gesamtgestalt der Philosophie gehört. Deshalb ist die Unterschiedlichkeit der Positionen nur ein vordergründiger Anschein, in Wahrheit sagen sie alle dasselbe – wenn auch in unterschiedlicher Artikulation. Zweitens entspricht die Reihe der philosophischen Gestalten der Entwicklung der logischen Idee, also der sukzessiven Entfaltung der Momente des Wahren. Zwar besteht zwischen der geschichtlichen Reihenfolge einerseits und der logischen Folge andererseits keine 1 : 1-Entsprechung, sondern logisch spätere Momente können geschichtlich früher auftreten und logisch frühere später vorkommen, aber insgesamt lässt sich jedem logischen Moment eine geschichtliche Position zuordnen.

Diese beiden Thesen Hegels sind beileibe nicht unumstritten. Schon für Hegel war klar, dass sie gewohnten Auffassungen widersprechen, zum Teil hat er sie gerade gegen solche Standardansichten entwickelt. Versuchen wir zunächst, den Sinn der beiden Thesen möglichst genau zu rekonstruieren. Anschließend wird zu fragen sein, ob man Hegels Auffassung folgen sollte und welche Modifikationen gegebenenfalls ins Auge zu fassen sind.[4]

»*Eine* Philosophie auf verschiedenen Ausbildungsstufen«

Evident sind die Mannigfaltigkeit und Unterschiedlichkeit der philosophischen Systeme. Die einen behaupten das, die anderen plädieren für jenes und noch einmal andere ziehen alles in Zweifel. Die Geschichte der Philosophie erscheint von daher wie »eine Reihe von bloßen Meinungen, Irrtümern und Gedankenspielen« (18, 50). Man könnte sich an dieser Buntheit erfreuen, wenn da nur nicht immer wieder der Anspruch im Spiel wäre, das Wahre getroffen und die anderen Positionen widerlegt zu haben. Jede Philosophie tritt »mit der Prätention auf, daß durch sie die vorhergehenden Philosophen nicht nur widerlegt, sondern ihrem Mangel abgeholfen, das Rechte endlich gefunden sei« (18, 35 f.). Aber die nächstfolgende

Philosophie wird diesen Anspruch erneut erheben, und so stellt sich die Geschichte der Philosophie insgesamt dar als eine Folge »widerlegter, geistig vergangener Systeme, deren jedes das andere tot gemacht, begraben hat« (18, 35).

Hegel hält viel vom Widerlegen, aber nicht von dieser Auffassung des Widerlegens. Ihr zufolge ist eine Position, wenn sie widerlegt ist, schlicht erledigt. Man lässt sie hinter sich und vergisst sie, sie hat einem nichts mehr zu sagen. Hegel ist anderer Ansicht. Ihm zufolge ist eine Position durch ihre Widerlegung zwar überholt, aber nicht vernichtet. Vielmehr ist ihr Prinzip in die widerlegende Position eingegangen und in dieser bewahrt, in dieser »aufgehoben«. Widerlegt oder überwunden ist nur der Anspruch der vorherigen Position, die letzte und alleinige Wahrheit darzustellen: »Was widerlegt worden, ist nicht das Prinzip dieser Philosophie, sondern nur dies, daß dies Prinzip das Letzte, die absolute Bestimmung sei« (18, 56). Damit ist es nun in der Tat vorbei. Aber das eigentliche Prinzip dieser Position behält weiterhin ein Recht als *Moment* der Wahrheit. Hegel gibt ein Beispiel: »Die atomistische Philosophie ist zu der Bestimmung gekommen, daß das Atom das Absolute sei […]. Dies atomistische Prinzip ist widerlegt worden; wir sind nicht Atomisten. Der Geist ist auch für sich seiendes Eins, Atom; das ist aber dürftige Bestimmung. Das Eins drückt also nicht das Absolute aus. Aber dies Prinzip ist auch erhalten, nur ist dies nicht die ganze Bestimmung des Absoluten« (18, 56).

Hegel rät also, von einer Sicht der Widerlegung als bloßer Negation zu einem Verständnis der Widerlegung als Aufhebung überzugehen.[5] Und er weist darauf hin, dass ein solches Verständnis eigentlich ganz natürlich ist: »Diese Widerlegung kommt in allen Entwicklungen vor. Die Entwicklung des Baums ist Widerlegung des Keims, die Blüte die Widerlegung der Blätter, dass sie nicht die höchste, wahrhafte Existenz des Baumes sind. Die Blüte wird endlich widerlegt durch die Frucht; aber sie kann nicht zur Wirklichkeit kommen ohne das Vorhergehen alle früheren Stufen« (18, 56).[6]

Wie stellt sich die Geschichte der Philosophie dar, wenn man dem Aufhebungsmodell folgt? Dann zeigt sich, dass die verschiedenen philosophischen Systeme jeweils einen besonderen Aspekt der Wahrheit vertreten. Diesen Aspekt für das Ganze zu halten, war ihr Fehler. Aber diesen Aspekt namhaft gemacht zu haben, ist ihr bleibendes Verdienst. Die Prinzipien, die durch die verschiedenen Systeme ins Spiel gebracht werden, bilden zusammen die »Zweige eines und desselben Ganzen« (8, 58). Die Geschichte der Philosophie stellt sich von daher als ein organisches Ganzes dar. Jedes der verschiedenen Systeme ist notwendig. In diesem Sinn kann Hegel sogar sagen: »Jede Philosophie ist in sich vollendet und hat, wie ein echtes Kunstwerk, die Totalität in sich« (2, 19). Die einzelne Philosophie ist eben nicht einfach ein Einzelstück, sondern eine Artikulation der *einen* Philosophie und trägt zu deren Vollendung bei.

Es ist der gewöhnliche Fehler, die philosophischen Systeme wie Solitäre anzusehen, wo einer neben dem anderen steht und die anderen ignoriert oder bekämpft oder widerlegt. Als ob die Philosophien »eigentümliche« Gebilde wären und nur in einzelnen Beziehungen zueinander stünden. In Wahrheit sind sie alle Artikulationen und Manifestationen der einen Philosophie, sind »*eine* Philosophie auf verschiedenen Ausbildungsstufen« (8, 58). Wer nur das Besondere sieht, ist blind für das Allgemeine, das in diesen Besonderheiten wirklich ist. Hegel vergleicht dies mit dem Fall eines Kranken, »dem der Arzt Obst zu essen anrät und dem man Kirschen oder Pflaumen oder Trauben vorsetzt, der aber in einer Pedanterie des Verstandes nicht zugreift, weil keine dieser Früchte Obst sei, sondern die eine Kirschen, die andere Pflaumen oder Trauben« (18, 37). Ähnlich sehen manche vor lauter einzelphilosophischen Bäumen den Wald der Philosophie nicht.

In der Geschichte der Philosophie gibt es also zwar Überholung, aber nicht Erledigung. Es gibt Fortschritt, aber nicht nach Art der Wissenschaft, wo überholte Theorien ausgeschieden werden (beispielsweise wurde das Ptolemäische System durch das Kopernikanische abgelöst, und die Phlogistontheorie war, seit man ein Verständnis der Rolle des Sauerstoffs bei Verbrennungsprozessen gewonnen hatte, schlicht *out*), sondern die frühere Position bleibt als ein Moment des Wahren aufbewahrt. Der philosophische Fortschritt ist nicht linear, sondern holistisch. Die Systeme überholen einander zwar, vernichten einander aber nicht. Was fortschreitet, ist die Gesamtartikulation des Wahren. Immer mehr Momente desselben gelangen zur Entfaltung. Worauf es zu achten gilt, ist nicht so sehr die besondere Einzelgestalt, sondern die Verwandtschaft, nicht die Widerlegung, sondern der Zuwachs an Einsicht, nicht der Kampf, sondern das Zusammenspiel.

In diesem Sinn besteht das wichtigste »Resultat der Geschichte der Philosophie« darin, »daß zu aller Zeit nur *eine* Philosophie gewesen ist« (20, 461). Die historischen Differenzen repräsentieren verschiedene »Seiten des *einen* Prinzips« (ebd.). Dieses konnte nicht (à la Minerva) mit einem einzigen Schlag hervortreten, sondern bedurfte der sukzessiven Entfaltung, der Selbsthervorbringung: »Die Idee muß sich erst zu dem machen, was sie ist« (18, 39). »Die Entwicklung des Geistes ist Herausgehen, Sichauseinanderlegen und zugleich Zusichkommen« (18, 41). Der Vorangang ist nicht eine »gerade Linie ins abstrakt Unendliche hinaus« (18, 46), sondern bezieht die vorherigen Schritte mit ein und bezieht sich auf diese zurück. Er muss daher letztlich »als ein Kreis, als Rückkehr in sich selbst vorgestellt werden« (ebd.). Die Geschichte der Philosophie ist »eine große, sich in sich zurückbeugende Folge von Entwicklungen« (ebd.).

Nichts ist also verloren oder abgetan. Alle philosophischen Prinzipien bleiben erhalten. Sie alle sind essenzielle Bausteine im Gesamtgebäude der Idee, bleibende Ingredienzien des Wahren. Ohne sie wäre dessen Vollendungsgestalt weder möglich noch vollkommen. Allerdings erfahren sie gegenüber ihrem ursprünglichen Auftreten eine Modifikation: sie gelten nur noch als Momente, nicht mehr, wie zunächst von ihnen vermeint, als die abschließende Gestalt des Wahren. Von späteren Positionen aus zeigen sich die vorherigen Stufen in einem anderen, einem geklärten, ihrem wahren Licht.

Die Entsprechung zwischen geschichtlicher und logischer Entwicklung

Wie einleitend gesagt, ist Hegel der Auffassung, dass die Reihe der geschichtlichen Philosophien *grosso modo* der Entwicklung der logischen Idee entspricht: »Ein jedes philosophische System ist als die Darstellung eines besonderen Momentes oder einer besonderen Stufe im Entwicklungsprozeß der Idee zu betrachten« (8, 184 f.).[7] Hegel weist aber auch darauf hin, dass in der Reihenfolge Abweichungen vorkommen: »Die Folge als Zeitfolge der Geschichte« unterscheidet sich »von der Folge in der Ordnung der Begriffe« (18, 49).[8] Er ist sich jedoch sicher, dass irgendwann jede der logischen Bestimmungen auch philosophiegeschichtlich ihren Auftritt hat. Nicht also wird (und das gilt allgemein für das Verhältnis von Logik und Realphilosophie) einfachhin ein Programm (das logische Programm) abgespult, sondern realgeschichtlich spielen auch situative Umstände mit und ein gutes Stück Kontingenz ist im Spiel. Da sich die Philosophie aber im genuinen Medium der logischen Entwicklung, im Denken, bewegt, ist zu erwarten, dass tatsächlich jede der logischen Denkbestimmungen (wie Sein, Werden, Dasein, Fürsichsein, Wesen, Grund, Erscheinung, Wirklichkeit, Subjektivität, Objektivität etc.) irgendwann einmal auch realiter als Prinzip einer philosophischen Position auftreten wird.

Hegel demonstriert die Entsprechung zwischen der logischen und der realphilosophischen Entwicklung am Beginn von beiden. »Der Anfang der Logik«, sagt er, ist »derselbe wie der Anfang der eigentlichen Geschichte der Philosophie« (8, 185).

Dabei bezieht sich Hegel auf Parmenides, den Philosophen des Seins. Mit ihm lässt er die Geschichte der Philosophie beginnen – so wie die Entwicklung des logischen Gedankens mit dem Sein beginnt. Darauf folgt dann Heraklit. »Das Sein ist das Eine, das Erste; das Zweite ist das Werden, – zu dieser Bestimmung ist Heraklit fortgegangen« (18, 320). Letztlich zieht Hegel es allerdings vor, die Philosophie mit Heraklit und nicht bereits mit Parmenides beginnen zu lassen: Heraklit ist »derjenige, welcher zuerst die Natur des Unendlichen ausgesprochen und zuerst die Natur als an sich unendlich, d. h. ihr Wesen als Prozess begriffen hat. Von ihm ist der Anfang der Existenz der Philosophie zu datieren« (18, 336).[9] Dies hat in Hegels *Logik* seine Entsprechung darin, dass diese eigentlich nicht mit dem Sein, sondern mit der Übergängigkeit von Sein, Nichts und Werden beginnt.

Und wie geht es weiter? Sukzessiv gelangen weitere Momente des Wahren zur Artikulation. Das philosophische Arsenal wird immer reicher. Daher sind, so wie »die Entfaltung der logischen Idee sich als ein Fortgang vom Abstrakten zum Konkreten erweist, auch in der Geschichte der Philosophie die frühesten Systeme die abstraktesten und damit zugleich die ärmsten« (8, 184), die späteren hingegen konkreter und reicher. So wie bei der logischen Idee die späteren Stufen

»die früheren als aufgehoben in sich enthalten« (ebd.), so verhält es sich auch in der Geschichte der Philosophie. Daher ist »die letzte Philosophie einer Zeit das Resultat dieser Entwicklung und die Wahrheit in der höchsten Gestalt [...]. Die letzte Philosophie enthält die vorhergehenden, fasst alle Stufen in sich, ist Produkt und Resultat aller vorhergehenden« (20, 461).[10]

Man mache sich klar, was das in Hegels Augen bedeutet: Er glaubt als der letzte Philosoph in einer mehr als zweitausend Jahre währenden Reihe zu schreiben. Und nicht bloß als der vorläufig letzte. Hegel ist überzeugt, dass in seinem Denken die Philosophie insgesamt zu ihrer Vollendung, zu ihrem Abschluss gekommen ist. Und tatsächlich: Hegels Kerngedanke, der Gedanke der Freiheit, ist unüberbietbar und unvergänglich.[11]

Dann muss Hegels Denken die wesentlichen Prinzipien alles vorangegangenen Philosophierens in sich befassen. Das betrifft nicht nur Parmenides und Heraklit, sondern gilt auch in Bezug auf Zeitgenossen wie Kant, Fichte und Schelling. Kants »unendliches Verdienst« sieht Hegel darin, »den Anstoß zur Wiederherstellung der Logik und Dialektik« im Sinn einer »Betrachtung der Denkbestimmungen an und für sich« gegeben zu haben (6, 559 f.) – wie Hegel selbst dies dann in seiner *Logik* breit ausgeführt hat; Fichte hat den (für Hegels *Logik* vorbildlichen) Versuch unternommen,

»die Denkbestimmungen in ihrer Notwendigkeit, ihrer Ableitung, ihrer Konstruktion aufzuzeigen« (20, 401); und Schelling hat gegen grassierende Unmittelbarkeitsfantasien darauf hingewiesen, dass »alle Lebendigkeit der Natur wie des Geistes« durch »Vermittlung« charakterisiert ist (20, 384) – ein Gedanke, der von Hegel ebenso aufgenommen wurde wie die grundlegende Einsicht der schellingschen Naturphilosophie, dass die Natur Geist in unbewusster Form (»die äußerliche Weise des Daseins des Systems der Gedankenformen«) ist (20, 444). Hegel verstand auch eine der größten Gestalten der antiken Philosophie, nämlich Aristoteles, als einen Geistesbruder – und sich selbst geradezu als *Aristoteles redivivus*. Hegel hat seine *Enzyklopädie* (die komprimierte Darstellung seines Systems) mit einem Aristoteles-Zitat beschlossen: mit den emphatischen Ausführungen über das höchste Denken im XII. Buch der *Metaphysik* (10, 395). Er hat diese Passage im Original und ohne jede weitere Erläuterung abgedruckt. Er wusste sich mit Aristoteles im Innersten einig. Dies ist ein besonders eindrucksvolles Beispiel dafür, was es heißt, dass eine frühere Philosophie nicht vergangen ist, sondern gegenwärtig bleibt.

* * *

Wir haben gesehen, dass Hegel die geschichtlichen Gestalten der Philosophie als Glieder einer einzigen sich zum Kreis rundenden Kette betrachtet. Gut hundert Jahre später hat Arthur O. Lovejoy von *The Great Chain of Being* gesprochen.[12] Tatsächlich hat auch Hegel seine große Kette nicht nur als eine von Denkbestimmungen, sondern zugleich als eine der Formen des Seins verstanden. Jedes Seiende stellt in seinen Augen einen wandelnden Begriff bzw. eine Begriffskonstellation dar.[13] Und so wie für Lovejoy die Dinge aneinander anschließen, so für Hegel die Begriffe – und entsprechend eben auch die philosophischen Systeme.

Dies also ist der einzigartige und faszinierende Gedanke in Hegels Auffassung der Geschichte der Philosophie: dass diese nicht eine irgendwie zufällige oder episodische Aneinanderreihung darstellt, sondern einen stringenten Zusammenhang bildet. Sie stellt die historisch-konkrete Entfaltung sämtlicher Momente der logischen Idee, also der sukzessiven Entfaltung aller Denkbestimmungen dar. Die Geschichte der Philosophie ist kein Sammelsurium aparter Einfälle oder Gedankenspiele, sondern die Artikulation der Momente der logischen Idee. Allerdings bedarf es, um diese Struktur und diesen Sinn der Geschichte der Philosophie zu erkennen, auch eines Geistes, der diese Momente als solche zu identifizieren und zu begreifen vermag: »Um in der empirischen Gestalt und Erscheinung, in der die Philosophie geschichtlich auftritt, ihren Fortgang als Entwicklung der Idee zu erkennen, muß man freilich die Erkenntnis der Idee schon mitbringen« (18, 49). Man muss »diese reinen Begriffe in dem zu erkennen wissen, was die geschichtliche Gestalt enthält« (ebd.). – Sind wir dazu heute noch imstande?

Die Dynamiken der Kultur und des Geistes aus heutiger Sicht

Dass die Weltgeschichte ein Prozess des Zusichkommens des Geistes sei, ist uns heute nicht mehr plausibel. Die Weltkriege des 20. Jahrhunderts haben derlei Fortschrittszuversicht zunichtegemacht. Angesichts der kriegerischen Auseinandersetzungen des 21. Jahrhunderts setzt sich das fort. Und die Finanzkrise, die Klimakrise und die Coronapandemie lassen uns eher an die ständige Wiederkehr von Katastrophenszenarien glauben als an das Zusichkommen des Geistes oder die Unerschütterlichkeit der Freiheit.

Dennoch darf man es sich nicht zu leicht machen, man sollte Hegel nicht vorschnell verabschieden. Hegel hat nicht gemeint, dass solche Ereignisse nicht mehr würden auftreten können. Er glaubte nur, dass unter der Decke der Erscheinungen das erreichte Wahre nicht wieder erstickt werden könne, sondern sich *in the long run* (*the very long run*) weiter ausbreiten werde. Und in der Tat: Erleben wir nicht, dass das Freiheitsbegehren der Menschen weltweit immer stärker wird – gerade auch in Opposition zum Erstarken autoritärer Regime?[14]

Betrachtet man die Entstehung und Fortentwicklung von Kulturen aus einer Makroperspektive, so fällt etwas ins Auge, was Hegels Sicht der Geschichte der Philosophie auffallend ähnlich ist. Die kulturelle Evolution hat einen eigenen, einen spezifisch kulturellen Tradierungs- und Fortzeugungsmechanismus hervorgebracht. Zuvor, im Bereich der natürlichen Evolution, war der Fortgang durch genetische Weitergabe gesichert. Das genügt im Bereich der kulturellen Evolution nicht. Das kann man allein schon daran erkennen, dass die genetische Fortentwicklung sehr langsam ist, die kulturelle Fortentwicklung hingegen eminent rapide erfolgt. Der Genmechanismus der natürlichen Evolution wurde kulturell vom Lernen abgelöst. Nicht, dass es Lernen nicht schon im Tierreich geben würde, aber in der menschlichen Entwicklung explodiert diese Fähigkeit gewissermaßen und wird zum dominierenden Fortschrittsfaktor.[15] Und das menschliche Lernen beschränkt sich nicht auf Nachahmung, sondern ist, da die Menschen Ziele auch reflexiv thematisieren können, zugleich mit Variationen verbunden. Menschen betreiben nicht nur verlässliche

Überlieferung durch Nachahmung, sondern sie nehmen auch Verbesserungen vor und erfinden Neues. Auf diese Weise gelangen sie zu einem kulturellen Turmbau: Die nächste Entwicklungsstufe baut auf den vorherigen auf und geht zugleich über sie hinaus.[16] Michael Tomasello betrachtet diese kulturelle Kumulation als das Spezifikum der menschlichen Entwicklung.[17]

Hierin liegt eine offensichtliche Entsprechung zu Hegels Sicht. Auch Hegel meint, dass die alten Ergebnisse bewahrt bleiben, dass jedoch auch immer wieder neue Errungenschaften hinzukommen. Kumulation ist ein Charakteristikum sowohl von Hegels Sicht der philosophischen Entwicklung wie der zeitgenössischen Auffassung der kulturellen Evolution. Ein Unterschied scheint nur insofern zu bestehen, als Hegel (von der Entfaltung der logischen Idee her) einen Vollständigkeitskatalog im Auge hat. So etwas würde heute wohl niemand mehr vertreten. Es scheint allein schon angesichts der Unterschiedlichkeit der kulturellen Entwicklungen unplausibel zu sein. Diese Entwicklungen sind doch wohl nicht auf einen einzigen Nenner zu bringen. Oder doch? Heute liegt – zumal angesichts der zeitgenössischen Transkulturalität[18] – der Gedanke einer zunehmenden Konvergenz der unterschiedlichen kulturellen Entwicklungen nahe. Die kulturellen Errungenschaften, egal welchen Ursprungs, werden immer globaler. Sie verbreiten sich planetarisch. Das begründet eine Nähe zu Hegels Konzeption, die ja keineswegs, wie manchmal unterstellt wird, nur die abendländische Entwicklung des Denkens berücksichtigt, sondern ausführlich auch das Denken des Ostens würdigt und auf den amerikanischen Kontinent vorausblickt. Der kumulative Gedanke Hegels wird uns heute gerade in transkultureller Perspektive neu vertraut.

Selbst neurowissenschaftliche Einsichten sprechen für Hegels Auffassung, wonach der objektive Geist (kulturelle Errungenschaften wie Recht, Bildung, Moral) uns Menschen nicht einfach gegenübersteht, sondern uns eingesenkt ist. Im Verlauf der Epigenese strukturiert sich das menschliche Gehirn bekanntlich weitgehend um, und dies geschieht unter dem Einfluss der kulturellen Umwelt. Kulturelle Gewohnheiten und Prägungen wirken an den sich neu bildenden Verschaltungen mit. Man kann die entstehende neuronale Architektur gar nicht zureichend verstehen, ohne ihre Prägung durch Momente des objektiven Geistes in Rechnung zu stellen. Das menschliche Gehirn ist nicht einfach eine natürliche Gegebenheit, sondern zugleich ein geistgeprägtes Produkt. Der Strom der Kultur wohnt uns elementar inne.

Oder man denke an die Logik. Niemand wird annehmen wollen, dass wir die logischen Strukturen individuell erzeugen. Gewiss kann unser Geist sehr aparte – große wie abwegige – Gedanken hervorbringen. Aber doch nicht die logischen Strukturen. Denen unterliegt er vielmehr von Anfang an, sie sind ihm eingesenkt. Das Gleiche gilt für Kategorien wie Einheit, Vielheit, Substanz, Kausalität und Notwendigkeit. Auch sie hat in der Tat keiner von uns geschaffen. (Da wären sie allzu unterschiedlich ausgefallen.) Auch diese Grundbegriffe sind uns vor aller individuellen Geistestätigkeit längst eingeschrieben. Sie sind Vorgaben des objektiven Geistes, an dem wir teilhaben.

Manche Vorgaben können freilich kulturell unterschiedlich sein. Es hat Konsequenzen, ob man in einer Kultur beziehungsweise einer Sprache aufwächst, die nur Aktiv und Passiv kennt oder auch (wie die altgriechische Sprache) ein Medium, oder wo gar eine Es- bzw. Ereignis-Struktur vorherrscht (wie in vielen asiatischen Sprachen). Das prägt und leitet das Denken, Vorstellen und Empfinden. Bei alledem handelt es sich um Vorgaben des objektiven Geistes, der unseren individuellen Aktivitäten vorausliegt und sie bestimmt. Unser Denken und Empfinden ist nicht einfachhin unser individuelles Denken und Empfinden, sondern in vielem der Vollzug eines uns als Individuen übersteigenden objektiven Geistes.

Das führt zu einem letzten Aspekt. Wir sind nicht nur Partizipanten am objektiven Geist, sondern zugleich dessen Vollzieher. Daher ist es ein zwar ungewohnter, aber nicht abwegiger Gedanke, dass wir alle (ob wir nun kleine oder große Geister sind) in einem einzigen Geist verbunden sind – an diesem teilhaben und ihn aktualisieren. Hegel könnte Recht gehabt haben, wenn er meinte, dass die Entfaltung des Geistes in vielen Schritten und Stufen geschieht, die alle miteinander zusammenhängen und sich zu einem einzigen großen Kreis fügen. Er glaubte, dass dies für die Geschichte der Philosophie gilt. Vielleicht gilt es sogar für die Geschichte der Kultur insgesamt.

3. Geistesbruder Aristoteles

»Beisichsein-im-Anderssein« ist Hegels Zauberformel. Sie besagt, dass der Geist sich vollendet, indem er das scheinbar Andere – sei es Natur oder Kultur – als eine Gestalt seiner selbst erfasst. Diese Formel könnte man (zugegebenermaßen ironisch) auch auf Hegels Aristoteles-Interpretation anwenden. Aristoteles scheint für Hegel nicht nur ein Geistesbruder, sondern *G. W. F. in disguise* zu sein. Wir werden Mühe haben, überhaupt Differenzen auszumachen. Beisichsein-im-Anderssein kann wohl auch eine Bemächtigungsformel sein.

Beginnen wir jedoch umgekehrt: mit der Art, wie Aristoteles mit der Geschichte der Philosophie umgeht. Sie erinnert sehr an das Vorgehen Hegels, wie wir es im vorigen Abschnitt betrachtet haben. Auch Aristoteles glaubt, dass jeder Philosoph in gewisser Hinsicht Recht hatte. Aber eben nur in gewisser Hinsicht. Jeder hat etwas Richtiges gesehen, aber er hat es vielleicht nicht genügend erfasst, hat die Bedeutung seines Fundes übertrieben, hat dessen Stellung zu anderen Entdeckungen und Sachstrukturen nicht richtig eingeschätzt. Also gilt es, zuallererst den Ast im Wissensbaum, für den die Auskunft einer jeweiligen Position zutrifft, herauszufinden. Dafür muss man freilich den ganzen Wissensbaum schon im Blick haben. Zu diesem Zweck macht Aristoteles sich in der ganzen Breite der philosophischen Positionen kundig. Auf diese Weise, meint er, kann man den Gliederbau des Ganzen leichter erkennen, als wenn man sich auf wenige Positionen kapriziert. Und auch Aristoteles ist, wie später Hegel, letztlich überzeugt, in seiner Philosophie die Ansätze der Vorgänger allesamt aufgenommen und ihnen zu ihrer richtigen Form verholfen zu haben.

Hegel hat die Philosophie keines seiner Vorgänger auch nur annähernd so ausführlich behandelt wie die Aristoteles'. Aristoteles, sagt er, »ist der würdigste unter den Alten, studiert zu werden« (19, 246). Er war in Hegels Augen »eins der reichsten und umfassendsten (tiefsten) wissenschaftlichen Genies [...], die je erschienen sind, – ein Mann, dem keine Zeit ein Gleiches an die Seite zu stellen hat« (19, 132). »Würde es ernst mit der Philosophie, so wäre nichts würdiger, als über Aristoteles Vorlesungen zu halten« (19, 148). – Was können wir aus Hegels Darstellung des Aristoteles lernen?

Hegel ist immer wieder bestrebt, Aristoteles gegen Missverständnisse und Entstellungen in Schutz zu nehmen. »Keinem Philosophen«, schreibt er, ist »so viel Unrecht getan worden durch ganz gedankenlose Traditionen, die sich über seine

Philosophie erhalten haben und noch an der Tagesordnung sind […]. Man schreibt ihm Ansichten zu, die gerade das Entgegengesetzte seiner Philosophie sind« (19, 133).[19] Dem will Hegel entgegentreten, und dabei engagiert er sich so sehr, dass man glauben könnte, es ginge ihm um die Verteidigung seiner eigenen Position. In der Tat interpretiert Hegel den Aristoteles so, dass er seinem eigenen Denken höchst nahekommt. Irgendwie hat man den Eindruck, Hegel wolle Aristoteles zu sich heraufheben – damit ihm endlich Gerechtigkeit widerfahre; aber wohl auch, um durch die Kongruenz seines Denkens mit dem aristotelischen der eigenen Philosophie das Gewicht von Jahrtausenden zu verleihen.

Die Charakterisierung, die Hegel Aristoteles am häufigsten zuteilwerden lässt, besagt, dass Aristoteles »ein spekulativer Philosoph« war (19: 146, 164, 241). Das ist das höchste Lobesprädikat, das Hegel vergeben kann. Nicht viele seiner Vorgänger erhalten es. Aristoteles ist (neben Heraklit) der einzige antike Denker, dem diese Auszeichnung zuteilwird. Für Hegel liegt Spekulation dort vor, wo die Identität des Subjektiven und des Objektiven erkannt wird, wo das Denken also erfasst, dass Geist und Welt gleichartig sind, sodass alles Weltliche gedanklich begriffen werden kann. In diesem Sinn schreibt Hegel: »Ebendies ist die spekulative Philosophie des Aristoteles, alles denkend zu betrachten, in Gedanken zu verwandeln« (19, 164). Wir werden dies bei Hegels Behandlung der aristotelischen Theorie des *nous* noch näher erörtern.

Hegel fügt dem ein zweites Lobesprädikat hinzu: Aristoteles' Philosophie ist umfassend,[20] und Aristoteles versteht es, aus seiner breitgespannten Empirie den Funken der Spekulation zu schlagen: »Er ist so umfassend und spekulativ wie keiner« (19, 132 f.).[21] Empirie und Spekulation gehen bei Aristoteles Hand in Hand: »Aristoteles ist ein *völliger Empiriker*, nämlich zugleich ein denkender. *Empiriker* nämlich: Er nimmt die Bestimmungen der Gegenstände der Betrachtung auf, wie wir in unserem gewöhnlichen Bewußtsein davon wissen; er widerlegt die empirischen Vorstellungen, frühere Philosopheme, hält fest, was aus dem Empirischen beibehalten werden muß. Und indem er alle diese Bestimmungen verknüpft, verbunden festhält, so bildet er den Begriff, ist im höchsten Grade spekulativ, indem er empirisch zu sein scheint. Das ist ganz eigentümlich bei Aristoteles, seine Empirie ist eben *total*« (19, 172).

Hegel unterstreicht also erstens, dass Aristoteles konsequent bei der Empirie ansetzt. Zweitens begnügt sich Aristoteles damit aber nicht. Was man empirisch auflesen kann, erklärt ihm zufolge nicht schon alles, sondern es muss erst noch begrifflich und gedanklich durchdrungen werden, um zu einem angemessenen Verständnis der Phänomene zu gelangen. Diese Kombination von Empirie und Spekulation, darauf will Hegel uns hinweisen, macht das Eigentümliche und weithin Einzigartige des Aristoteles aus.[22]

Bevor ich mich drei Einzelthemen zuwende (Naturphilosophie, Logik, Geistlehre) sei noch gesagt, dass Aristoteles und Hegel auch durch das Pathos des Begreifens miteinander verbunden sind. Aristoteles' Position hat man vielfach (das ist einer der Anlässe für Hegels Klage über die Entstellung der aristotelischen Philosophie) dahingehend verfälscht, dass er – ähnlich wie Platon – einem Kult des Staunens das Wort geredet habe. Wie kann man sich nur so täuschen? Im I. Buch der *Metaphysik* thematisiert Aristoteles in der Tat das Staunen (*thaumázein*), indem er den Weg der Erkenntnis als einen vom Staunen zum Wissen definiert. Das Staunen (etwa über die Inkommensurabilität der Diagonale – »verwunderlich erscheint es allen, sofern sie die Ursache noch nicht eingesehen haben, wenn etwas durch das kleinste Maß nicht messbar sein soll«[23]) bildet den Ausgangspunkt. Aber doch nur den Ausgangspunkt! Der Weg der Erkenntnis führt zur Beseitigung dieses Staunens, indem die Ursache erkannt wird, warum eine Erscheinung gerade so ist und sein muss. Ist man zum Wissen gelangt, so würde einen nur noch verwundern, wenn es anders wäre: »Über nichts würde sich ein der Geometrie Kundiger mehr verwundern, als wenn die Diagonale kommensurabel sein sollte.«[24] Das Staunen verdampft im Erkennen.

So wichtig also die heuristische Funktion des Staunens auch sein mag – es zum Dauerpathos zu erklären, wäre für die Philosophie fatal. Ebendas aber tun diejenigen, die uns erzählen, das Staunen sei das Proprium der Philosophie; je verwunderter jemand sei, desto mehr sei er ein Philosoph, und je mehr Verwunderung er erzeuge, indem er etwa unverständlich rede, desto höher stehe seine Philosophie. Dass man sich dafür auf Aristoteles beruft, ist ein Skandal. Aristoteles' These ist eindeutig die, dass das Stadium der staunenden Augen und offenen Münder durch die Klärungsarbeit der Philosophie zu überwinden ist. Wo das Geschäft der Philosophie vollbracht wird, ist Schluss mit den Konvulsionen des Staunens und dem Kult des *thaumázein*.

Genau so hat auch Hegel das gesehen. In der Vorrede zur *Phänomenologie des Geistes* schrieb er: »Daran mitzuarbeiten, daß die Philosophie der Form der Wissenschaft näherkomme – dem Ziele, ihren Namen der *Liebe* zum *Wissen* ablegen zu können und *wirkliches Wissen* zu sein –, ist es, was ich mir vorgesetzt. [...] die Erhebung der Philosophie zur Wissenschaft [ist] an der Zeit« (3, 14). Das Pathos der Wissenschaft verbindet also

Aristoteles und Hegel. Aristoteles war es, der den größten Paradigmenwechsel in der Geschichte der Philosophie bewirkt hat, den Übergang von »Weisheit« zu Wissenschaft. Was wir heute als den verbindlichen Stil von Philosophie ansehen (rationale Analyse, Argumentation, Forschung, Arbeit), das gibt es erst seit Aristoteles, seit ihm ist die Philosophie Wissenschaft.[25] Aristoteles war wie Hegel der Auffassung, dass es in der Philosophie darauf ankommt, alle Momente von Vagheit und Unkenntnis zu überwinden. Darin sind sich beide – gegen die pseudophilosophischen Mystagogen und Endlichkeitsbeschwörer – einig.

Aristoteles fasst die Natur als Leben auf

Hegel sagt, dass Aristoteles die Natur »auf die höchste, wahrhafteste Weise dargestellt« habe (19, 172). Sein »Hauptbegriff« der Natur zeige nämlich, »daß er die Natur als Leben auffaßt« (19, 174). Hegel bezieht sich dabei auf Aristoteles' Grundbestimmung des Naturseienden, die da lautet: »Das Naturseiende ist dasjenige, was ein Prinzip seiner Bewegung und Ruhe in ihm selber hat.«[26] Aristoteles war der Ansicht, dass die naturhaften Dinge in sich ein Prinzip ihres Bewegtseins tragen. Beim Lebendigen ist das evident: Pflanzen wachsen, Tiere bewegen sich, und wir Menschen sind voller

Tatendrang. Aber selbst das Anorganische hat Aristoteles zufolge ein Prinzip seiner Bewegung und Ruhe in ihm selbst: der Wind weht und ebbt ab, Wasser fließt und kann zum Stehen kommen, der Stein ruht. Hegel rühmt Aristoteles dafür, eine teleologische Auffassung der Naturdinge vertreten zu haben: Die Naturdinge tragen jeweils einen Zweck in sich, und dieser Zweck ist das Prinzip ihrer Tätigkeit.[27] Wohl gibt es auch äußere Faktoren, alles natürliche Geschehen unterliegt auch äußeren Einflüssen. Aber entscheidend ist die innere Zweckhaftigkeit der Naturdinge. »Das Natürliche muß als Selbstzweck in sich selbst betrachtet werden« (19, 176). Das ist der grundlegende Gedanke der aristotelischen Naturphilosophie.

Die Neuzeit hat diese Auffassung der Natur nicht mehr mitmachen wollen. Francis Bacon warf Aristoteles vor, dass er die Phänomene fälschlicherweise von Innerem oder Seelischem aus zu erklären suchte. Im Gegenzug plädierte Bacon dafür, die Naturerkenntnis »wie durch Maschinen zu bewerkstelligen«.[28] Er erhob das »dissecare naturam« (das Zerschneiden und Sezieren der Natur) zum Leitprinzip der Naturbetrachtung und wollte die Naturforschung, fern von allen Lebens- und Seelenkonnotationen, rein mechanisch bewerkstelligt wissen.[29] Auf diese Weise sollten die Menschen dazu gelangen, »die Natur zu besiegen«.[30] Auch Descartes sah im Abrücken von den »substanziellen Formen« des Aristoteles und im Übergang zu einem messerscharfen Mechanismus den Heilsweg, der uns »zu Herren und Eigentümern der Natur« machen würde.[31]

Hegel beklagt, dass der »wahre Begriff der Natur«, wie Aristoteles ihn entwickelt hatte, durch derlei »mechanische Philosophie« verlorengegangen ist (19, 179). Die »neuere Betrachtungsweise der Natur« will von Zwecken nichts mehr wissen, sie kennt nur noch »Druck, Stoß, chemische Verhältnisse, überhaupt äußerliche Verhältnisse« (19, 177). Dagegen will Hegel Aristoteles' Auffassung vom selbsthaften Charakter der Naturprozesse aufs Neue Geltung verschaffen.[32]

Sehr ausführlich widmet sich Hegel Aristoteles' Schrift Über die Seele (*De anima*). »Die Bücher des Aristoteles über die Seele mit seinen Abhandlungen über besondere Seiten und Zustände derselben sind noch immer das vorzüglichste oder einzige Werk von spekulativem Interesse über diesen Gegenstand« (10, 11).

Hegel lobt die aristotelische These einer Kontinuität zwischen Pflanze, Tier und Mensch. Die menschliche Seele (das Prinzip unserer Lebendigkeit) umfasst die vegetative Seele des pflanzlichen Daseins, die aisthetische Seele der tierischen Natur und die dianoetische Seele des *animal rationale*. Sie vereinigt diese drei Seelenformen in sich. Der Mensch ist also kein apartes Sonderwesen, sondern ist von Grund auf mit dem anderen Organischen, mit den Tieren ebenso wie mit den Pflanzen verbunden. Hegel weist darauf hin, dass dieser Gedanke auch »in der neueren Naturphilosophie« wieder herrscht, wo man sagt, »daß der Mensch auch Tier und Pflanze ist« und wo man sich »gegen das Abscheiden und Trennen der Unterschiede dieser Formen« wendet (19, 203). Das ist erstaunlich. Hegel lässt sich hier nämlich von Aristoteles korrigieren. Sonst hat Hegel gerne die Auffassung vertreten, dass der Unterschied des Menschen vom Tier ein »ungeheurer« und »unendlicher Unterschied« sei (13, 112). Aristoteles aber bringt ihn dazu, die Kontinuität zu erkennen, den Unterschied als einen nur graduellen zu sehen. Nicht nur hat Hegel Aristoteles immer wieder zu einer Zwillingsfigur seiner eigenen Gedanken gemacht, sondern er hat sich seinem Vorgänger auch anzuschließen gewusst.

Hegel geht die aristotelischen Analysen der Reihe nach durch und sieht sich immer wieder genötigt, gravierende Missverständnisse, die sich über die Jahrhunderte in den Köpfen festgesetzt haben, aufzuklären und auszuräumen. Wenn Aristoteles beispielsweise davon spricht, dass die Wahrnehmung eine Fähigkeit ist, die wahrnehmbaren Formen ohne Materie aufzunehmen (gerade so, wie das Wachs das Zeichen eines Siegelrings ohne das Eisen oder Gold des Ringes aufnimmt),[33] so macht die Gedankenlosigkeit daraus, dass sich die Seele Aristoteles zufolge wie Wachs verhalte. Von sich aus sei sie leer, eine *tabula rasa*, und dann würden sich die äußeren Dinge ihr einprägen, »wie die Materie des Siegelringes auf die Materie des Wachses wirkt« (19, 208). Auf diese Weise entstünden unsere Wahrnehmungen und Vorstellungen. »So geht es übrigens den meisten Philosophen. Wenn sie etwa ein sinnliches Beispiel anführen, so versteht dies jeder und nimmt den Inhalt der Vergleichung in ihrem ganzen Umfange, – als ob alles, was in diesem sinnlichen Verhältnis enthalten ist, auch von dem Geistigen gelten solle« (19, 208). In Wahrheit bezieht sich der Vergleich bei Aristoteles jedoch nur darauf, dass allein die Form aufgenommen wird, nicht aber die Materie. Und der große Unterschied liegt darin, dass das Wahrnehmungsvermögen die Form tatsächlich *in sich* aufnimmt, während dies beim Wachs ganz und gar nicht der Fall ist, bei diesem bleibt der Eindruck ja »eine äußerliche Figur«, die gerade nicht *in* das Wachs aufgenommen wird (19, 209). Aristoteles will also beileibe nicht sagen, dass »die Seele passives Wachs« sei und ihre Bestimmungen von außen eingedrückt erhalte. Denn während das Wachs in der Tat passiv ist, ist das Aufnehmen beim Wahrnehmen zwar von außen veranlasst, aber zugleich eine eigene und innere »Aktivität der Seele« (ebd.).

Ein anderes berühmtes Missverständnis bezieht sich auf Aristoteles' Vergleich des Geistes mit einer Schreibtafel.[34] Die Schreibtafel ist leer, ist ebenfalls *tabula rasa*, und dann soll auf ihr geschrieben werden, aber natürlich schreibt nicht die Tafel selbst, sondern jemand anderer, ein Äußerer schreibt auf ihr. Der gemeine Verstand schließt dann aus diesem Vergleich: »Aristoteles sagt, der Geist sei eine *tabula rasa*, worauf dann erst geschrieben werden soll von den äußeren Gegenständen« (19, 215). Jedoch: »Das ist gerade das Gegenteil dessen, was Aristoteles sagt« (ebd.). Der Geist »hat nicht die Passivität einer Schreibtafel« (ebd.). Der Geist ist vielmehr »die Wirksamkeit selbst« (ebd.). Wohl ist der Geist ursprünglich so leer wie eine Schreibtafel. Damit er einen Gehalt bekomme, bedarf es einer Aktivität. Aber beim Geist kommt diese Aktivität nicht, wie bei der Schreibtafel, von außen, sondern allein von innen. Der Geist ist sein eigener Erreger. Aristoteles will mit dem Vergleich ausdrücken, dass der Geist keine Gedanken besitzt, bevor er nicht denkt. Alles, was der Geist besitzt, entspringt seiner eigenen, nicht einer äußeren Tätigkeit. Innerlichkeit ist das Prinzip, während das gedankenlose Missverständnis daraus sträflicherweise Äußerlichkeit macht. Da ist Hegel nicht nur ganz aufseiten des Aristoteles, sondern zugleich völlig bei sich: »das wesentliche Sein aber ist die Wirksamkeit (Entelechie);

[…] das wahrhaft würdige Sein hat nur die Entelechie; die Identität ist nur als solche Entelechie zu fassen, – unsere Idee« (19, 201).

Bevor wir weitere Passagen aus *De anima* betrachten, die sich mit dem Geist befassen und Hegels emphatische Zustimmung finden, wollen wir uns der Logik zuwenden.

Logik nur des Endlichen – und dennoch ein spekulativer Philosoph

Hegel beginnt mit lobenden Worten: »Aristoteles ist als der Vater der Logik angesehen worden; seit Aristoteles' Zeiten hat die Logik keine Fortschritte gemacht. Diese Formen teils über Begriff, teils über Urteil, Schluss kommen von Aristoteles her – eine Lehre, welche bis auf den heutigen Tag beibehalten und keine weitere wissenschaftliche Ausbildung erlangt hat« (19, 229). »Es ist ein unsterbliches Verdienst des Aristoteles, dies Bewußtwerden über die Tätigkeiten des abstrakten Verstandes, diese Formen erkannt und bestimmt zu haben, die das Denken in uns nimmt« (19, 237).

Dann aber folgt Kritik: Aristoteles hat die Formen der Logik nur sehr gut beschrieben, aber nicht in ihrem systematischen Zusammenhang dargestellt oder begriffen. Deshalb bleibt er bei der Aufzählung der endlichen Formen des Denkens stehen und gelangt nicht zu ihrem spekulativem Zusammenhang: »Er hat sich wie ein Naturbeschreiber verhalten bei diesen Formen des Denkens, aber es sind nur die endlichen Formen bei dem Schließen von einem auf das andere; es ist Naturgeschichte des endlichen Denkens« (19, 229). Man hat hier »nur Formen des verständigen Denkens« vor sich, »dies ist nicht die Logik des spekulativen Denkens«, sondern die »Logik des Endlichen« (19, 240). Und es fehlt die Systematizität: »So einzeln« haben die Arten des Urteilens und Schließens »keine Wahrheit. Nur ihre Totalität ist die Wahrheit des Denkens« (19, 239).

Wenn Kant meinte, dass die Logik seit Aristoteles keinen Schritt nach vorne habe tun können, »weil sie allem Anschein nach geschlossen und vollendet zu sein scheine«, so will Hegel das nicht mitmachen, sondern umdrehen. Aus dem genannten Befund sei doch »eher zu folgern, daß sie umso mehr einer totalen Umarbeitung bedürfe«; denn »ein zweitausendjähriges Fortarbeiten des Geistes muß ihm ein höheres Bewusstsein über sein Denken und über seine reine Wesenheit in sich selbst verschafft haben« (5, 46). Also sei es an der Zeit, über die »naturhistorische Beschreibung der Erscheinungen des Denkens«, wie Aristoteles sie gegeben habe, hinauszugehen: »Es ist nötig, daß weitergegangen und teils der systematische Zusammenhang, teils aber der Wert der Formen erkannt werde« (6, 269). »Wie die ganze Aristotelische Philosophie, so bedarf seine Logik [...] wesentlich dieser Umschmelzung, daß die Reihe seiner Bestimmungen in ein notwendiges systematisches Ganzes gebracht wird« (19, 241). »Dies ist es nun, was die Folgezeit zu leisten hatte« (19, 244). So Hegel dann in großem Stil in seiner *Wissenschaft der Logik*.

Andererseits ist Hegel trotz dieser Kritik auch wieder sehr konziliant gegenüber Aristoteles. Erstens attestiert er ihm, erfasst zu haben, dass »die Begriffe des Verstandes – die Kategorien – die Wesenheiten des Seins« sind (19, 240), das scheinbar Subjektive also ein durchaus Objektives ist. Und zweitens führt Hegel aus, dass die Philosophie des Aristoteles nicht auf die logischen Formen (auf diese defizitären Modi des endlichen Denkens) »gegründet« ist. Es sind »nicht diese Formen des Schlusses, nach denen Aristoteles verfährt. Wenn Aristoteles so verführe, so würde er nicht dieser spekulative Philosoph sein, als den wir ihn erkannt haben; keiner seiner Sätze, seiner Ideen könnte aufgestellt, behauptet werden, könnte gelten, wenn er sich an die Formen dieser gewöhnlichen Logik hielte.« So verfahrend, »wäre er zu keinem spekulativen Satz gekommen« (19, 241). Also: der Endlichkeits-Pferdefuß seiner Logik kann nicht seiner Philosophie insgesamt angelastet werden. Aristoteles ist und bleibt ein großartiger spekulativer Philosoph.

Aristoteles' Geistlehre: »das Spekulativste, was es geben kann«

Bezüglich der Geistlehre des Aristoteles stellt Hegel fest: »Das Hauptmoment in der Aristotelischen Philosophie ist, daß das Denken und das Gedachte eins ist, – daß das Objektive und das Denken [...] ein und dasselbe ist« (19, 162 f.). Daß schon Aristoteles diese spekulative Einheit erkannt und ausgesprochen hat, fasziniert Hegel. Dies bringt er in seiner Darstellung des XII. Buches der *Metaphysik* seitenlang zum Ausdruck.

Hinsichtlich des 7. Kapitels jenes Buches konzentriert er sich auf das dort ausgeführte Identitätsverhältnis von Denken und Denkbarem. Aristoteles zufolge wird das Denken vom Denkbaren bewegt, aber das Denkbare ist seinerseits ein Gedachtes, mithin ist die Bewegung des Denkens reine Selbstbewegung. »Hier im Denken ist so diese Identität vorhanden; das, welches bewegt wird und welches bewegt, ist dasselbe« (19, 161). In diesem Sinn erklärt Aristoteles, dass »Denken und Gedachtes dasselbe sind«.[35] Wenn Hegel diese Zeilen liest, ist er davon gleichermaßen überrascht wie beglückt: was ihm selbst zufolge der höchste

Gedanke ist, findet sich bereits bei Aristoteles: »Man traut kaum seinen Augen« (ebd.)! Welch ein Déjà-vu! Hegel versteht sich als Revenant des Aristoteles.

»Das Wahre ist die Einheit des Subjektiven und Objektiven und darum weder das eine noch das andere wie sowohl das eine als das andere. In diesen tiefsten spekulativen Formen hat Aristoteles sich herumgearbeitet« (163). Die Sprache des Aristoteles ist zwar eine andere als die des gegenwärtigen Idealismus, aber der Gedanke ist derselbe. Aristoteles sagt nicht, »das Denken sei allein die Wahrheit, alles sei Gedanke; sondern er sagt, es ist das Erste, Stärkste, Geehrteste. Daß der Gedanke, als das zu sich selbst sich Verhaltende, *sei*, die Wahrheit sei, sagen wir. Ferner sagen wir, daß der Gedanke *alle* Wahrheit sei; nicht so Aristoteles. [...] wie jetzt die Philosophie spricht, drückt sich Aristoteles nicht aus; dieselbe Ansicht liegt aber durchaus zugrunde. Ebendies ist die spekulative Philosophie des Aristoteles, alles denkend zu betrachten, in Gedanken zu verwandeln« (19, 164).

Auch im Blick auf Aristoteles' Geistbehandlung in *De anima* (III 4) wiederholt Hegel seine Kongruenzthese: »Das, was wir heutigentags die Einheit des Subjektiven und Objektiven nennen, ist hier in der höchsten Bestimmtheit ausgesprochen. Der *nous* ist das Tätige, das Denken und das

Gedachtwerdende, – jenes ist das Subjektive, dies das Objektive; beides unterscheidet er wohl, aber ebenso streng und fest spricht er auch die Identität von beiden aus. In unserer Sprache ist das Absolute, Wahrhafte nur das, dessen Subjektivität und Objektivität ein und dasselbe, identisch ist; dies ist ebenso auch im Aristoteles enthalten« (19, 218). Die Ruhmespassagen nehmen schier kein Ende: »Dies ist so die höchste Spitze der aristotelischen Metaphysik, das Spekulativste, was es geben kann. [...] was er über das Denken sagt, ist für sich das absolut Spekulative« (19, 219). Indem er »das Denken des Denkens« thematisiert, spricht er »die Natur des absoluten Geistes« aus (ebd.).[36]

Hegel hat, wenn er Aristoteles' Ausführungen über den Geist liest, durchweg das Gefühl eines Déjà-vu. Da kann es nicht verwundern, dass er am Ende seiner *Enzyklopädie* ganz einfach Aristoteles für sich sprechen lässt, indem er dessen emphatische Ausführungen über das höchste Denken im XII. Buch der *Metaphysik* im griechischen Original ohne jede weitere Kommentierung abdruckt.[37] Hegel (den man auch den »deutschen Aristoteles« genannt hat[38]) hat sich – mehr als 2000 Jahre nach Aristoteles – mit diesem identifiziert. Er hat das tiefste Wort seinem antiken Geistesbruder überlassen.

4. Sein – Nichts – Werden

Der selbstgenerative Charakter des logischen Prozesses

Man weiß, dass Hegels Grundwerk die *Logik* ist. Sie geht über das, was man als »formale Logik« kennt, weit hinaus. Sie entfaltet den Stufengang sämtlicher *inhaltlichen* Begriffe wie Sein, Werden, Dasein, Fürsichsein, Wesen, Grund, Erscheinung, Wirklichkeit und so weiter. Alles fußt Hegel zufolge auf der logischen Bewegung: »Die logischen Gedanken sind [...] der an und für sich seiende Grund von allem« (8, 85); »die Entwicklung alles natürlichen und geistigen Lebens« beruht allein »auf der Natur der *reinen Wesenheiten*, die den Inhalt der Logik ausmachen« (5, 17). Das ist die eine Eigentümlichkeit Hegels.

Die andere besteht darin, dass Hegel die logische Bewegung als selbstgenerativ konzipiert. Hegel hat erstmals und in einzigartiger Weise eine strikt genetische Konzeption des Logischen entwickelt. Er hat diesen genetischen bzw. selbstgenerativen Charakter immer wieder unterstrichen. Die logische Bewegung stellt ihm zufolge einen »sich selbst konstruierenden Weg« (5, 17), einen »sich selbst erzeugenden« und »fortleitenden« Gang (3, 61), eine »in sich selbst gegründete Bewegung« dar (589). Jeder einzelne Begriff wird in ihrem Verlauf »erzeugt« (5, 35), das gesamte »System der Begriffe« hat sich in einem »von außen nichts hereinnehmenden Gange« zu bilden und »zu vollenden« (49). Die Logik soll sich allein durch »die Selbstbewegung des Begriffs« (3, 65), durch die »innere Selbstbewegung ihres Inhalts« organisieren (5, 49). – Die logische Bewegung erzeugt also Hegels Konzeption zufolge genuin all das, was in ihrem Verlauf auftritt. Sie spult nicht ein zuvor schon bestehendes Programm ab, sondern ist strikt selbstgenerativ. Folglich hat jeder Begriff seine Bedeutung nicht »als solcher«, sondern nur als resultierender, als Ergebnis einer logischen Bewegung.[39]

Sein – Nichts – Werden

Dieser sukzessive Hervorgang der logischen Begriffe sei nun an einem Beispiel demonstriert. Ich wähle dafür den Beginn der *Logik*.

Hegel geht vom Allereinfachsten aus, vom Sein. Wovon denn auch sonst? Der Anfang darf keinerlei Sonderbestimmungen enthalten, sonst wäre er nicht der Anfang, sondern würde auf vorangegangenen Prozessen oder Entscheidungen fußen, aus denen sich dieses oder jenes ergäbe – dieses oder jenes Bestimmte. Das reine Sein aber muss von aller Bestimmtheit frei sein. Sein bedeutet also zunächst einmal völlige Unbestimmtheit. Jegliche Bestimmtheit würde ebenso dem Anfangs- wie dem Seins-Charakter widersprechen, sie würde das Sein vereinseitigen, würde es zu einem bestimmten Seienden machen. »Durch irgendeine Bestimmung oder Inhalt, der in ihm [dem Sein] unterschieden oder wodurch es als unterschieden von einem Anderen gesetzt würde, würde es nicht in seiner Reinheit festgehalten. Es ist die reine Unbestimmtheit und Leere« (5, 82).

Folglich ist im Sein weder etwas anzuschauen noch etwas zu denken (5, 82 f.). Das Sein ist daher gleichbedeutend mit dem Nichts: »Das Sein, das unbestimmte Unmittelbare ist in der Tat *Nichts* und nicht mehr noch weniger als Nichts« (5, 83). Sein ist, sofern es völlig inhaltsleer und unbestimmt ist, gleich dem Nichts.

Und wie steht es mit dem Nichts? Auch dieses ist vollkommen leer, bestimmungs- und inhaltslos. Andernfalls wäre es nicht Nichts. Jegliche Bestimmtheit würde das Nichts sofort in eine Form von Sein überführen. Das Nichts ist also ebenso wie das Sein reine Unbestimmtheit. Es ist gleichbedeutend mit dem reinen Sein: »Nichts ist somit dieselbe Bestimmung oder vielmehr Bestimmungslosigkeit und damit überhaupt dasselbe, was das reine *Sein* ist« (ebd.). »Das reine Sein und das reine Nichts ist also dasselbe« (ebd.).

Das allein ist schon ungewohnt genug – und zugleich überzeugend. Aber nun folgt erst die entscheidende Einsicht. Deren erster Schritt lautet: »Was die Wahrheit ist, ist weder das Sein noch das Nichts, sondern daß das Sein in Nichts und das Nichts in Sein – nicht übergeht, sondern übergegangen ist« (ebd.). Jedes der beiden verwandelt sich nicht erst nachfolgend in das andere, sondern ist schon als solches mit dem anderen affiziert, ja geradezu identisch. Sein kann gar nicht zutreffend (nämlich als völlig unbestimmt) gedacht werden, wenn es nicht als Nichts gedacht wird. Und Nichts kann nicht gedacht werden, ohne als ebenfalls völlig bestimmungslos und damit als identisch mit dem Sein gedacht zu werden.

Der zweite und vollends ausschlaggebende Schritt besagt dann: »Aber ebensosehr ist die Wahrheit [von Sein und Nichts] nicht ihre Ununterschiedenheit, sondern daß sie *nicht dasselbe*, daß sie *absolut unterschieden*, aber ebenso ungetrennt und untrennbar sind und unmittelbar *jedes in seinem Gegenteil verschwindet*« (ebd.). Das sind eigentlich zwei Aussagen in einer. Erstens sagt Hegel, dass Sein und Nichts absolut unterschieden sind – tatsächlich würde ja jedermann in diesen beiden Bestimmungen geradezu den größtmöglichen Gegensatz sehen, Sein ist dem Nichts und Nichts dem Sein absolut entgegengesetzt. Aber zweitens zeigt die bisherige Betrachtung auch, dass das reine Sein als völlige Unbestimmtheit gar nichts anderes ist als das reine Nichts und dass das reine Nichts, als ebensolche völlige Unbestimmtheit, dem reinen Sein haargenau gleicht. Sie sind also auch identisch.

Der eigentliche Charakter von Sein und Nichts besteht mithin darin, zum jeweils Anderen zu werden. Sein kann sich nur erhalten, indem es in das Nichts verschwindet, und umgekehrt kann das Nichts nicht das sein, was es ist, ohne ins Sein überzugehen und in diesem zu verschwinden. Die Wahrheit beider besteht also im Übergehen ineinander, im *Zum-anderen-Werden*.[40] »Ihre Wahrheit ist also diese *Bewegung* des unmittelbaren Verschwindens des einen in dem anderen«, mithin »*das Werden*« (ebd.).

Wenn man also tief hineingräbt in das Sein sowie in das Nichts, so stößt man auf einen Begriff, der weiter geht als in diesen selbst vermutet. Spricht man vom Sein oder vom Nichts, so glaubt man gemeinhin, diese seien, was sie sind, an ihnen selbst – und seien einander absolut entgegengesetzt. Die logische Analyse aber deckt auf, dass sie ganz und gar nicht selbständig, sondern ineinander übergehend sind. Ihre Wahrheit ist dieses Übergehen, diese Bewegung, dieses Zum-

Anderen-Werden. Die Analyse entdeckt als den höheren Begriff von Sein und Nichts den des Werdens. Es zeigt sich, »daß weder Sein noch Nichts etwas Wahrhaftes, sondern nur das Werden ihre Wahrheit ist« (5, 97).

Man erkennt aber auch, dass das Werden nicht ein nachfolgendes Resultat des Seins und des Nichts ist, sondern ein diesen beiden längst inhärentes, ja für sie geradezu konstitutives Moment darstellt. Sein und Nichts sind, wenn man sie einfach für sich nimmt, verkannt. In Wahrheit sind sie immer schon ineinander übergegangen, zum jeweils Anderen geworden. Dieses Zum-Anderen-Gewordensein ist die Tinte, mit der ihre einseitigen Geburtsurkunden geschrieben sind. »Sie heben sich nicht gegenseitig, nicht das eine äußerlich das andere auf, sondern jedes hebt sich an sich selbst auf und ist an ihm selbst das Gegenteil seiner« (5, 112). Das Werden ist nicht nur die höhere, sondern die tiefere Wahrheit von beidem.[41]

Dialektik – Aufhebung – Beisichsein-im-Anderssein

Das Resultat der Betrachtung von Sein und Nichts ist also »das *Werden*« (5, 95). Zugleich hat sich dabei mehr ergeben als nur dieses Resultat. Denn schon in diesem ersten Schritt ist Hegels ganze Methode offenkundig geworden. Er nennt sie »Dialektik« und versteht darunter »die höhere vernünftige Bewegung, welche solche schlechthin getrennt Scheinende durch sich selbst, durch das, was sie sind, ineinander übergehen« lässt, so dass die Voraussetzung, sie seien schlechthin getrennt, »sich aufhebt« (5, 111). Die Methode ist also nicht von außen an die Dinge herangetragen, sondern bezeichnet den Weg, den diese, recht betrachtet, selber nehmen: »Es ist die dialektische immanente Natur des Seins und Nichts selbst, daß sie ihre Einheit, das Werden, als ihre Wahrheit zeigen« (ebd.). So wird es sich auch bei den weiteren Bestimmungen im logischen Prozess verhalten. In diesem Sinn kann Hegel sagen, daß der logische Prozess sich insgesamt durch die »innere Selbstbewegung« des Inhalts (5, 49), durch die »Selbstbewegung des Begriffs« (3, 65) beziehungsweise »die immanente Entwicklung des Begriffs« ergibt (5, 17). Jedes Mal treibt die dialektische Natur der Ausgangsbegriffe eine höhere Begriffsgestalt hervor. Die Dialektik ist der Motor der logischen Genetik.

Noch zwei weitere Charakteristika des hegelschen Denkens sind bereits diesem Anfang der *Logik* zu entnehmen. Zunächst das Konzept der »Aufhebung«. Die Ausgangsbegriffe Sein und Nichts heben sich zwar auf, sind im Resultat des

Prozesses aber gleichwohl nicht schlechthin verschwunden, sondern bleiben – in veränderter Form – auch erhalten. Sie existieren als *Momente* des Werdens fort. Hinweggefallen ist nur ihre scheinbare Selbständigkeit. Sie stellen nicht autonome Größen, sondern Momente des Werdens dar: »Sie sinken von ihrer zunächst vorgestellten *Selbständigkeit* zu *Momenten* herab« (5, 112). In der höheren Begriffsgestalt sind sie als selbständige zwar verschwunden, als solche Momente aber aufgehoben.[42] – So viel nach der Klärung der »Dialektik« zum ebenso ominös scheinenden, in Wahrheit aber durchaus klaren hegelschen Begriff der »Aufhebung«.

Ferner zu einer dritten vermeintlichen Zauberformel Hegels, zum »Beisichsein-im-Anderssein«. Auch sie ist in der Sein-Nichts-Dialektik in nuce schon vorhanden. Denn worum handelt es sich dabei? Sein und Nichts gehen jeweils in ihr Gegenteil, in das Andere ihrer selbst über. Sie scheinen darin unterzugehen (»zu verschwinden«). Gleichwohl bleiben sie darin erhalten. Der Grundzug des reinen Seins – die Unbestimmtheit – verschwindet im Übergang ins Nichts gerade nicht, denn die Unbestimmtheit ist ebenso das Charakteristikum des Nichts. Das Gleiche gilt für den Übergang des Nichts in das Sein. Die beiden bleiben also, wenn sie in ihr Anderes übergehen, gleichwohl bei sich. Insofern präsentiert die Sein-Nichts-Dialektik die elementarste Form des Beisichseins-im-Anderssein. Später, beim Geist, wird hinzukommen, dass diese Struktur einer Selbsterhaltung inmitten scheinbarer Selbstaufgabe ausdrücklich erfasst wird. Aber dem Grundzug nach ist diese Struktur schon hier, am Anfang der *Logik*, präsent.

Schließlich macht Hegel – viertens – deutlich, welch große Bedeutung der anfänglichen Sein-Nichts-Dialektik für den gesamten Fortgang der logischen Bewegung zukommt. Die »Einheit von Sein und Nichts«, sagt er, liegt »als erste Wahrheit ein für allemal zugrunde« und macht »das Element von allem Folgenden« aus. Daher werden »außer dem Werden selbst« auch »alle ferneren logischen Bestimmungen: Dasein, Qualität, überhaupt alle Begriffe der Philosophie, Beispiele dieser Einheit« sein (5, 86). Die Sein-Nichts-Dialektik bildet nicht nur den Anfang der *Logik*, sondern auch den Prototyp aller folgenden Schritte.

Nietzsche: »Ohne Hegel kein Darwin«

Wir haben gesehen, dass die Sein-Nichts-Dialektik nicht nur den Anfang der logischen Bewegung darstellt, sondern bereits alle grundlegenden Elemente derselben enthält: Dialektik, Aufhebung, Beisichsein-im-Anderssein, Fortgang zur vollendeten Einheit.

Diese Elemente sind tragend für die eingangs angesprochene genetische Konzeption des logischen Prozesses, die für Hegel so überaus typisch ist. Ein anderer Philosoph, der gewiss aus anderem Holz geschnitzt war als Hegel, Friedrich Nietzsche, hat für diese Eigenart Hegels ein feines Gespür besessen. Nietzsche sah das Neuartige der hegelschen Logik darin, dass Hegel gegen die bisherigen »logischen Gewohnheiten und Verwöhnungen« zeigte, »daß die Artbegriffe sich aus einander entwickeln«.[43] Diese Einsicht führte Nietzsche zu einer kühnen Extrapolation. Er meinte, dass Hegel implizit dem Darwinismus Bahn gebrochen habe. Durch Hegels Gedanken einer immanenten Entwicklung des Logischen seien »die Geister in Europa zur letzten großen wissenschaftlichen Bewegung präformiert« worden, »zum Darwinismus«. »Ohne Hegel kein Darwin« – so formuliert Nietzsche die geistesgeschichtliche Wirkung Hegels.[44]

Nietzsche will natürlich nicht sagen, dass Hegel selber dergleichen wie eine Evolution der Natur gedacht habe. Hegel hat in der Tat nur eine logische Evolution gedacht. Aber die dabei erfolgte Veränderung der Auffassung der logischen Begriffe war so grundstürzend, dass sie den Weg für eine analoge Veränderung in der Konzeption der Naturbegriffe freimachte. Indem Hegel die Begriffe aus einer statischen Konfiguration, wo sie *neben- und untereinander* standen, in eine dynamische Bewegung überführte, in der sie *auseinander hervorgehen*, hatte er die grundlegende Leistung vollbracht, den Durchbruch zu einem genetischen Denken bewirkt. Darwin konnte das Entsprechende dann im Blick auf die natürlichen Arten tun, indem er das jahrtausendealte Theorem der Konstanz der Arten verabschiedete und die neue Sicht begründete, dass die Arten sich *auseinander*entwickeln. Deshalb sieht Nietzsche Darwins Theorie der Evolution als einen Sprössling von Hegels Revision des Logischen an.[45] Dieser war für Nietzsche eigentlich »nur eine Nachwirkung« Hegels.[46]

Hegel hat also das logische Denken revolutioniert. Und dadurch auch einer naturwissenschaftlichen Revolution Bahn gebrochen. Kann man von einem Philosophen mehr erwarten?

5. Das Seiende als wandelnder Begriff

Hegel hat eine merkwürdig scheinende These vertreten: dass alles Seiende ein wandelnder Begriff sei. Schon in der *Phänomenologie des Geistes* schrieb er, es sei die »Natur dessen, was ist, in seinem Sein sein Begriff zu sein« (3, 54 f.). Und in der *Logik* erklärte er erneut, dass »der reine Begriff das Innerste der Gegenstände« sei (5, 27).

Ganz so merkwürdig ist die These allerdings nicht. Sie widerstreitet nur der Grundüberzeugung von Neuzeit und Moderne. Diese vertraten die Auffassung, dass Begriffe grundsätzlich bloß subjektive Bedeutung haben. Sie sollen unserer Erkenntnisorganisation entstammen und mit der Welt und den Dingen nichts gemeinsam haben. Es soll sich bei ihnen bloß um unsere subjektiven Mittel handeln, mit denen wir die Objektivität zurichten, die Welt nach unseren Maßstäben ordnen. Auf die Dinge als solche, die Dinge an sich, träfen unsere Begriffe nicht zu. So die moderne Auffassung, die durch Kant kanonisch wurde – und der allzu viele bis auf den heutigen Tag folgen. Diese Position des subjektiven Idealismus sieht alle Dinge oder Erscheinungen zwar als begriffsbestimmt an – aber durch Begriffe, die *nur unsere* Begriffe, nicht die adäquaten, nicht die zutreffenden Begriffe der Dinge selbst sind.

In Antike und Mittelalter war man meist der gegenteiligen Auffassung. Man glaubte, dass unsere Begriffe durchaus die sachgemäßen Begriffe der Dinge selbst sein können. Zwar können wir uns irren und auf Abwege geraten, aber im Prinzip vermögen die von uns verwendeten Begriffe die Dinge tatsächlich zu treffen. Zugrunde liegt dabei die These, dass das Seiende als solches durch Begriffe bestimmt ist. Heraklit hat dies dadurch erklärt, dass der Logos die allem Seienden zugrunde liegende Struktur darstellt. Alles ist durch die Gegensatzstruktur des Logos bestimmt und konturiert. Und unser Bezug zur Welt wird genau dann richtig, wenn wir nicht unseren eigenen Einbildungen folgen, sondern uns am Logos orientieren. Platon hat dann im *Timaios* die Begriffsbestimmtheit alles Seienden damit begründet, dass der Demiurg die Welt den Ideen gemäß geformt habe. Von daher bilden die Ideen die Grundstruktur der Welt. Da sie ferner auch bei der Bildung des Menschen unserer Seele eingesenkt wurden, vermögen wir im Licht dieser Ideen die Welt so zu erkennen, wie sie wirklich ist. Oder mittelalterlich ging man davon aus, dass die Dinge, weil Gott sie geschaffen hat, geistbestimmt sind und dass unser Erkenntnisvermögen, weil Gott es so eingerichtet hat, dass es die Welt zu erkennen (und von daher den Lobpreis Gottes anzustimmen) vermag, die Dinge tatsächlich so erkennt, wie sie im Grunde sind.

Hegel knüpft also, wenn er eine Begriffsbestimmtheit des Seienden vertritt und uns die Fähigkeit zuspricht, die Dinge ihrer objektiven Begriffsbestimmtheit gemäß zu erfassen, an eine über zweitausendjährige Tradition an – nur dem Subjektivitätsglauben seiner Zeit setzt er sich entgegen.

»Begriffe sind das Wesen der Dinge«

Hegels These, dass die Dinge von begrifflicher Natur sind, bezieht sich in erster Linie nicht auf Gegenstandsbegriffe, sondern auf logische Begriffe. Seine Grundformel für die logisch-begriffliche Bestimmtheit der Dinge lautet: »Alle Dinge sind der *Schluß*, ein Allgemeines, das durch die Besonderheit mit der Einzelheit zusammengeschlossen ist« (6, 359). Allgemeinheit, Besonderheit und Einzelheit stellen also die Leitbegriffe dar. Ein jedes Seiende soll durch sie bestimmt sein, soll eine Verbindungsform dieser Begriffe darstellen.

Hegel erläutert dies an einem eingängigen Beispiel. Was versteht ein Kranker nicht, »dem der Arzt Obst zu essen anrät und dem man Kirschen oder Pflaumen oder Trauben vorsetzt, der aber in einer Pedanterie des Verstandes nicht zugreift, weil keine dieser Früchte Obst sei, sondern die eine Kirschen, die andere Pflaumen oder Trauben« (18, 37)? Der Kranke sieht das Einzelne: diese oder jene Kirsche oder Traube. Und er begreift das Besondere: dass es sich dabei um Kirschen bzw. Trauben handelt. Aber er versteht nicht das Allgemeine. Er versteht nicht, dass es sich bei Kirschen und Trauben um Obst handelt. Er kapiert einfach nicht, was »Obst« bedeutet. Ihm ist verschlossen, dass es Obst nicht »als solches« gibt – sondern nur in der Form von Kirschen, Pflaumen, Trauben und so weiter, und dass das Allgemeine (Obst) nur als Besonderes (Kirschen, Pflaumen, Trauben usw.) existiert. Der Kranke versteht nicht, dass er, genau um den Rat des Arztes zu befolgen (»Obst zu essen«), zu Kirschen, Pflaumen oder Trauben greifen muss.

Übrigens ist das eigentlich erstaunlich. Denn was für Obst gilt, gilt ähnlich für die Obstsorten. Sowenig es Obst »als solches« gibt, so wenig gibt es Kirschen, Pflaumen und Trauben »als solche« – es gibt sie vielmehr nur als Einzelne: als diese (überreife) Kirsche, diese (verschrumpelte) Pflaume, diese (prächtige) Traube. Das missversteht der Kranke nicht. Dass das Besondere nur als Einzelnes existiert, scheint ihm vertraut. Dass hingegen das Allgemeine, um zu existieren, den Weg durch das Besondere nehmen muss, ist ihm fremd.[47] Man möchte ihm geistige Besserung in Sachen Begriffsverständnis wünschen – sonst wird es mit seiner physischen Genesung auch nichts werden.

Eigentlich sind das ganz selbstverständliche Verhältnisse. Das Allgemeine (Obst) gibt es nur als Besonderes (Kirsche, Pflaume, Traube), und dieses Besondere liegt nur als Einzelnes (diese Kirsche, diese Pflaume, diese Traube) wirklich vor. Was Hegel aufspießt, ist das Nichtverstehen des Allgemeinen. Der Kranke (Begriffskranke) meint, das Allgemeine müsse auf dieselbe Art vorliegen wie das Besondere (also als Einzelnes), es müsse direkt präsentierbar sein. Da man ihm aber kein Allgemeines, sondern nur Besonderes offeriert, lehnt er alle Angebote ab. Den umgekehrt gleichen Fehler moniert Hegel an einer anderen Stelle, wo er sich des Obst-Beispiels in Bezug auf die Geschichte der Philosophie bedient. Er attackiert dort diejenigen Philosophiehistoriker, die angesichts der Unterschiedlichkeit der philosophischen Systeme ganz außer Acht lassen, dass diese Systeme bei aller Unterschiedlichkeit doch auch die Gemeinsamkeit haben, allesamt Philosophie zu sein. Diese Historiker, welche »nicht diese Allgemeinheit ergreifen oder anerkennen« wollen (8, 59), leiden an der umgekehrten Pathologie wie der Kranke. Sie leugnen das Allgemeine zugunsten des Besonderen, während der Kranke das Besondere im Namen des Allgemeinen ablehnt. Gegen die von den Historikern praktizierte Negation des Allgemeinen schreibt Hegel: »Das Allgemeine, formell genommen und *neben* das Besondere gestellt, wird selbst auch zu etwas Besonderem. Solche Stellung würde bei Gegenständen des gemeinen Lebens von selbst als unangemessen und ungeschickt auffallen, wie wenn zum Beispiel einer, der Obst verlangte, Kirschen, Birnen, Trauben usf. ausschlüge, weil sie Kirschen, Birnen, Trauben, *nicht* aber Obst seien« (ebd.). Ja, im gemeinen Leben machen nur Kranke diesen Fehler. Aber in der Philosophiegeschichtsschreibung machen die Matadore des Besonderen, indem sie das Allgemeine negieren, groß von sich reden. Begriffskrank sind beide: der allgemeinheitsinsistierende Kranke und die differenzversessenen Historiker. Die Letzteren sehen vor lauter sonderphilosophischen Bäumen den Wald der Philosophie nicht. Und der Erstere lehnt die verschiedenen Obstsorten ab, weil sie nicht Obst im Allgemeinen, nicht Obst »als solches« sind.

Dinge als logisch-ontologische Schlüsse

Kehren wir zu Hegels Kernformel zurück, die lautet: »Alle Dinge sind der *Schluß*, ein Allgemeines, das durch die Besonderheit mit der Einzelheit zusammengeschlossen ist« (6, 359). Dass bei der Bestimmung eines Seienden jeweils Allgemeinheit, Besonderheit und Einzelheit im Spiel sind, ist deutlich geworden. Der Apfel, der vor mir liegt, ist Obst, also ein Allgemeines. Ebenso ist er ein Apfel, also ein Besonderes. Und er ist dieser schön glänzende Apfel, mithin ein bestimmtes Einzelnes. Diese drei Bestimmungen, das versteht man, müssen in »Apfel« zusammenkommen. Ein Apfel, der nicht Obst wäre, könnte kein wirklicher Apfel sein (sondern allenfalls ein gemalter oder ein in Metall nachgebildeter Apfel oder dergleichen). Und wenn er nicht ein Apfel wäre, dann könnte man es zwar immer noch mit Obst, etwa einer Birne oder einer Mango zu tun haben, aber eben nicht mit einem Apfel. Und wenn der Apfel nicht ein einzelner Apfel wäre, so könnte man wiederum keinen wirklichen Apfel, sondern allenfalls die Idee oder das Bild eines Apfels vor sich haben. Kurzum: Allgemeinheit plus Besonderheit plus Einzelheit sind für die Existenz alles Seienden erforderlich.

Aber diese drei logischen Bestimmungen müssen nicht nur irgendwie beteiligt sein, sondern sie müssen, wie Hegel sich ausdrückt, »zusammengeschlossen« sein (6, 359). Ein jedes Seiende hat Hegel zufolge die Form eines *Schlusses*, der Allgemeinheit, Besonderheit und Einzelheit verbindet. Wie ist das zu verstehen?

Zum Seienden gehören, wie gezeigt, diese drei logischen Momente. Diese sind aber natürlich keineswegs, weil sie sich am Seienden finden, auch schon miteinander identisch – ganz und gar nicht. »Obst« fällt nicht mit »Apfel« und »Apfel« nicht mit »dieser Apfel« zusammen. Keine dieser Bestimmungen geht in einer der anderen auf. Die Besonderheit »Apfel« setzt sich als Besonderheit vom Allgemeinen (»Obst«), unter dem es steht, in der Weise einer Spezifikation zugleich ab und setzt sich anderen Spezifikationen (Kirsche, Birne) entgegen. Und die Einzelheit (dieser Apfel) setzt sich wiederum durch Konkretisierung von der Besonderheit (Apfel) ab und unterscheidet sich durch diese Konkretisierung von einer ganzen Menge anderer Äpfel. Diese Unterschiedlichkeit der Begriffsmomente bleibt für das wirklich Seiende essenziell. Auf der anderen Seite muss das Seiende aber die drei Momente auch vereinigen. Andernfalls würde es in sich zerfallen und könnte nicht etwas Einheitliches sein. Für diese vom Seienden vollzogene Vereinigung der Begriffsmomente spricht Hegel von »Schluss«. Dabei weist er darauf hin, dass Schluss hier »nicht in der Bedeutung der alten, formellen Logik«, sondern ontologisch zu verstehen ist, als die »allgemeine Form aller Dinge« (8, 84): »Alle Dinge sind Besondere, die sich als ein Allgemeines mit dem Einzelnen zusammenschließen« (ebd.); »das Wirkliche ist ein *Einzelnes*, das durch die *Besonderheit* sich in die *Allgemeinheit* erhebt und sich identisch mit sich macht« (8, 332).

Das ist die Grundform, wie Hegel den Begriffscharakter des Seienden bestimmt. Alles Seiende vollzieht einen logisch-ontologischen Schluss: den von Allgemeinheit, Besonderheit und Einzelheit.[48] Diesen Schluss aufzudecken, ist die Aufgabe der philosophischen Betrachtung. Bei den Naturdingen liegt die logische Struktur meist in unklarer Form vor (»die Ohnmacht der Natur bringt es mit sich, die logischen Formen nicht rein darzustellen« 8, 84), so dass die Naturphilosophie uns »die wahrhaften Formen des Begriffs in den natürlichen Dingen« zuallererst zum Bewusstsein bringen muss (8, 85). In den Sphären der Kultur und des Geistes hingegen sind die Strukturen des Begriffs von vornherein transparenter.

Kommen wir noch einmal auf die eingangs gemachte Aussage zurück, dass Hegels These von der begrifflichen Natur der Dinge sich in erster Linie nicht auf Gegenstandsbegriffe, sondern auf logische Begriffe beziehe. Das ist jetzt dahingehend zu präzisieren, dass die Gegenstandsbegriffe zwar Exponenten der logischen Begriffe sind – aber dass man ihnen das sozusagen nicht auf Anhieb ansieht (»Apfel« verrät nicht *eo ipso* die logische Komplexion von Allgemeinheit, Besonderheit und Allgemeinheit), sondern dass man diese logische

Struktur erst explizieren muss. De facto sind freilich alle Dinge und somit auch alle Gegenstandsbegriffe durch die genannte triadische Struktur gekennzeichnet.

Das hat Hegel im Sinn, wenn er sagt, dass »Begriffe des Verstandes oder Vernunft das Wesen der Dinge sind« (19, 240) oder dass »der reine Begriff das Innerste der Gegenstände, ihr einfacher Lebenspuls« ist (5, 27). Hegels komprimierteste Formulierung dafür lautet »daß das Sein Denken ist« (3, 53).

Traditioneller objektiver Idealismus – und Hegels Update

Wie hat Hegel die traditionelle logozentrische Position verändert? Er selbst weist darauf hin, dass auch Aristoteles »die Begriffe des Verstandes«, also die Kategorien, als »die Wesenheiten des Seins« verstand (19, 240). So wie Hegel seine Grundbegriffe als logisch-ontologische Bestimmungen auffasst, so hatte das auch Aristoteles getan. Zugleich ist aber der Unterschied zwischen den beiden deutlich. Bei Aristoteles kommen Allgemeinheit, Besonderheit und Einzelheit unter den Kategorien gar nicht vor. Aristoteles' Kategorien sind insgesamt konkreter. Er führt Substanz an oder Quantität und Qualität oder Ort und Zeit und sogar etwas so Ephemeres wie Lage. Im Vergleich dazu liegen die Begriffsmomente, die Hegel geltend macht, auf einer wesentlich abstrakteren und allgemeineren, ja einer geradezu universalen Ebene. Sie gelten für *alles* Seiende. Die mittelalterliche Transzendentalienlehre hat ebenfalls Prädikate identifiziert, die jeglichem Seienden als solchem zukommen sollen, beispielsweise Wesen, Einheit, Andersheit oder Wahrheit. Das ist der hegelschen Position schon näher. Dennoch besteht auch hier noch ein großer Unterschied. Die Transzendentalien der mittelalterlichen Philosophie stehen wie einzelne Fundstücke nebeneinander, ein systematischer Zusammenhang ist nicht zu erkennen. Die hegelsche Trias von Allgemeinheit, Besonderheit und Einzelheit hingegen führt just einen solch systematischen Zusammenhang und dessen Relevanz für jegliches Seiende vor Augen. Hegels Konzeption der Begriffsbestimmtheit eines jeglichen Seienden hat nicht nur das jeweilige Seiende im Blick, sondern benennt darüber hinaus eine systematische Struktur, die alles Seiende miteinander *verbindet* – also so etwas wie einen holistischen Seinsverbund begründet. Hegels triadische Konzeption der Begriffsbestimmtheit artikuliert damit nicht nur die logische Verfassung jedes einzelnen Seienden, sondern hat zugleich zur Folge, dass jedes Seiende Repräsentant der generellen Struktur der logischen Idee ist. Daher könnte man sich noch einmal an Aristoteles erinnert fühlen: Aristoteles sah alles Seiende als durch das Bemühen bestimmt an, mit seinen bescheidenen Mitteln die höchste Form des Seins, nämlich das Sichselbstdenken des Denkens (*nóēsis noḗseōs*) zu imitieren.[49] Ganz ähnlich realisiert bei Hegel ein jegliches Seiende – vom primitivsten Seienden der Natur an bis hin zu den höchsten Formen des Geistes –, insofern es einen Schluss vollzieht, die Struktur der Idee.[50] Hegels Auffassung der Begriffsbestimmtheit des Seienden ist also systematischer und holistischer, als das in Antike oder Mittelalter je der Fall war. Sie legt nicht einfach dar, wie jedes Seiende verfasst ist, sondern zeigt vor allem auch, wie jedes Seiende eine Manifestation des Ganzen ist.

Aushebelung des modernen Subjektivismus

Wodurch ist Hegel die Aushebelung des modernen Subjektivismus gelungen? Ganz einfach: Wenn gezeigt werden kann, dass die Dinge als solche begriffsbestimmt sind und dass wir Menschen Zugriff auf diese Bestimmungen der Dinge haben, dann vermag unsere Erkenntnis der Dinge objektiv und nicht bloß subjektiv zu sein – und dann hat der moderne Subjektivismus ausgespielt. Ebendas zeigt Hegel. Immer wieder legt er dar, dass die Dinge an ihnen selbst das vollziehen, wovon die logische Betrachtung spricht: Durch die logische Triadik stellen die Dinge ihre Einheit her; sie sind der Dialektik der Begriffe nicht äußerlich ausgesetzt, sondern vollziehen diese in ihrem Sein selbst. Als endliche Dinge betreiben sie sogar im Duktus dieser Dialektik ihre Selbstaufhebung. Die Dinge, das vermag Hegel immer wieder zu zeigen, sind selber Idealisten. Man oktroyiert ihnen das nicht auf, es ist ihnen selbst eigentümlich.

Viele Philosophen aber sind dafür blind. Sie glauben, die logischen Bestimmungen seien nur von uns aus, also bloß subjektiv, an die Dinge herangetragen und könnten mithin nicht Bestimmungen und Vollzüge der Dinge selbst, also objektiv, sein. Mit Vergnügen weist Hegel mehrfach darauf hin, dass die Tiere weitaus klüger sind als diese Pseudophilosophen mit ihrer subjektivistischen Weltsicht.[51] Wie, um Himmels willen, kann man denn behaupten, die Kategorien müssten allein deshalb, weil sie in unserem Denken vorkommen, auch schon »bloß ein Unsriges« sein und könnten »nicht auch Bestimmungen der Gegenstände selbst« darstellen (8, 119)? Das ist willkürlich und denkfaul. Kant (gegen den Hegel sich hier wendet) hat niemals darzulegen vermocht, dass unsere Begriffe bloß subjektiv und nicht auch objektiv wären.

Hegel charakterisiert den Unterschied zwischen dem subjektiven Idealismus Kants und seinem eigenen absoluten Idealismus einmal so: »Das wahre Verhältnis ist in der Tat dieses, daß die Dinge, von denen wir unmittelbar wissen, nicht nur *für uns*, sondern *an sich* bloße Erscheinungen sind und daß dieses die eigene Bestimmung der hiermit endlichen Dinge ist, den Grund ihres Seins nicht in sich selbst, sondern in der allgemeinen [...] Idee zu haben. Diese Auffassung der Dinge ist dann gleichfalls als Idealismus, jedoch im Unterschied von jenem subjektiven Idealismus der kritischen Philosophie als *absoluter Idealismus* zu bezeichnen« (8, 122 f.). Dass die Dinge selbst das vollziehen, was die Philosophie von ihnen sagt, ist der springende Punkt. Die Divergenz zwischen dem Objektiven (der Verfassung des Seienden) und dem Subjektiven (der Verfassung unseres Erkennens) ist keine – und absolute Erkenntnis damit möglich.

Vielleicht ist die Art, wie Hegel das alles begründet, heute nicht mehr ganz überzeugend. Für Hegel war entscheidend, dass alle Dinge ebenso wie unsere Erkenntnis Momente der Idee sind. Statt eines solchen Prozesses der Idee stehen für uns heute eher andere Prozesse im Vordergrund: die Prozesse der Evolution. Wenn man diese recht durchdenkt – das Hervorgehen eines jeglichen Seienden aus diesen Prozessen, wozu auch die

Herausbildung des Menschen und seines Erkennens gehört –, dann rückt freilich eine neue, eine evolutionstheoretische Möglichkeit in den Blick, die Kongruenz von Objektivem und Subjektivem zu begreifen. Aber das steht auf einem anderen Blatt.[52]

6. Was ist und wo beginnt Subjektivität?

Auch in Sachen Subjektivität hat Hegel Überraschungen zu bieten. Subjektivität als Prinzip des neuzeitlichen Philosophierens? Gewiss, das vertritt auch Hegel. Aber ungewöhnlich ist seine harsche Kritik am Ungenügen dieses Prinzips. Noch ungewöhnlicher ist freilich, dass er Subjektivität nicht als Proprium der Menschheit ansieht, sondern als das konstitutive Vermögen schon der Tiere versteht. Das Prinzip der Subjektivität existiert ihm zufolge bereits lange vor dem Menschen im Tierreich.

Die Standardauffassung: Subjektivität als Prinzip der neuzeitlichen Philosophie

Alles, sagt man oft, was sich in der neuzeitlichen modernen Philosophie findet, gab es auch schon in der Antike, nur eines nicht: das Prinzip der Subjektivität. Dieses stelle eine genuine Errungenschaft der Neuzeit dar. So sieht das auch Hegel. Als er in seinen *Vorlesungen über die Geschichte der Philosophie* das Mittelalter hinter sich hat und zu Descartes, dem großen Denker der Subjektivität, kommt, schreibt er erleichtert: »Hier, können wir sagen, sind wir zu Hause und können wie der Schiffer nach langer Umherfahrt auf der ungestümen See ›Land‹ rufen« (20, 120).

Inwiefern ist Descartes für Hegel »der wahrhafte Anfänger der modernen Philosophie« (20, 123)? Insofern er »das Denken zum Prinzip macht« (ebd.): »In dieser neuen Periode ist das Prinzip das Denken, das von sich ausgehende Denken« (20, 120). Freilich ist Hegel hier ungenau. Denn dass das Denken das Prinzip ist, das ist nicht ein neuzeitliches Novum, sondern schon aus der Antike bekannt, man denke nur an die Geistlehre des Anaxagoras oder den Lobpreis des Denkens des Denkens bei Aristoteles. Das wirklich Neue bei Descartes liegt vielmehr darin, dass das Denken nicht als objektives, sondern als *subjektives* Denken gefasst wird, als *Ich denke – ego cogito*. Zwar war auch für Aristoteles klar, dass das Denken ein individueller Vollzug ist, aber Aristoteles war überzeugt, dass der Einzelne, wenn er wirklich denkt, ein Denken vollzieht, das nicht einfach seines, nicht einfach ein individuelles, sein subjektives Denken ist, sondern ein objektives, ein subjektüberlegenes Denken. Descartes hingegen hat, wenn er von Denken spricht, vor allem dessen ichlichen Charakter im Auge: »Cartesius fängt mit dem Standpunkt des Ich als des schlechthin gewissen an« (20, 130).

Später wird Hegel zwar die Naivität und Abstraktheit des cartesischen Ansatzes rügen, aber fürs Erste hält er fest, dass Descartes recht daran tut, alles mit dem Denken beginnen zu lassen: »Er hat von vorn angefangen, vom Denken als solchem; und dies ist ein absoluter Anfang« (20, 127). Dabei kommt der Zweifelsbewegung, für die Descartes berühmt ist, eine methodisch wichtige Funktion zu, nämlich das Beiseiteräumen aller ungeprüften und versteckten Voraussetzungen. Dadurch ist garantiert, dass wirklich mit dem reinen Denken begonnen wird. »Das Erste ist also, man müsse keine Voraussetzung machen« (20, 128). Descartes geht es darum, »einen reinen Anfang zu gewinnen« (20, 127). Er will, »daß das Denken von sich anfangen soll« (20, 129).

Anschließend kommt Hegel auf den Kern zu sprechen, auf den Ich-Charakter des Denkens. Er betrachtet Descartes als kongenialen Vorläufer von Fichte. Für Hegel besteht Descartes' philosophische Revolution im Anfang mit dem »Ich denke«: »Hiermit ist auf einmal die Philosophie in ein ganz anderes Feld, ganz anderen Standpunkt versetzt, nämlich in die Sphäre der Subjektivität [...]. »Ein ganz anderer Boden ist so für das Philosophieren gegeben« (20, 130).

Entscheidend ist aber des Weiteren, dass dieses Denken nicht einfach in sich kreist, sondern zugleich über sich hinaus zum Sein führt. *»Ich* *denke, also bin ich* – diese Erkenntnis ist die erste von allen und die gewisseste« (ebd.). »Dies ist das berühmte *Cogito, ergo sum*« – für Descartes »das absolute Fundament aller Philosophie« (20, 131). Zwar meint Hegel, dass Descartes den Beweis für die Identität von Denken und Sein nicht wirklich geführt habe. Er stelle dies vielmehr nur so hin. Aber diese Identität sei »die interessanteste Idee der neueren Zeit überhaupt«, und Descartes sei der erste gewesen, der sie aufgestellt hat (20, 136).

Viel Zustimmung also: Descartes ist »ein Heros, der die Sache wieder einmal ganz von vorne angefangen und den Boden der Philosophie von neuem konstituiert hat« (20, 123); mit Descartes hebt »das Denken der neueren Zeit an« (20, 120). Aber dann gibt es doch auch Tadel. Hegels hauptsächliches Monitum bezieht sich darauf, dass Descartes das Denken »eigentlich nur als abstrakten Verstand« gefasst habe (20, 126), so dass ihm alles Spekulative abgehe: »In Descartes' Metaphysik ist einem ganz naiv, gar nicht spekulativ zumute« (20, 154). »Das spekulative Erkennen, Ableiten aus dem Begriffe, freie selbständige Entwicklung des Begriffs ist erst durch Fichte eingeführt« worden (20, 153). Bei Descartes war »das Bedürfnis, das Bestimmte aus dem Denken zu entwickeln, noch nicht vorhanden« (20, 154). Man hat stattdessen ein »empirisches Räsonieren aus Gründen, aus Erfahrungen, Tatsachen, Erscheinungen« vor sich – und gar »auf die naivste Weise« (20, 153). Descartes hat die sich aus dem Denken ergebenden Bestimmungen bloß empirisch aufgelesen. Bei ihm »war zwar das Prinzip Denken, aber dieses Denken ist noch abstrakt und einfach; das Konkrete steht noch drüben auf der andern Seite, und konkreteren Inhalt erhielt dieses Denken erst aus der Erfahrung« (20, 154). Descartes' Rede von »angeborenen Ideen« zeigt das Manko besonders deutlich: »Angeboren« ist ein Ausdruck für ein natürliches Vorliegen. So steht es aber nicht mit den Ideen. Diese entstammen vielmehr einem »notwendigen Produzieren unseres Geistes« (20, 147). – Hegel lobt Descartes zwar hoch, doch sei »im ganzen wenig von seiner Philosophie zu sagen« (20, 127).

Hegels Kritik am subjektiven Idealismus

Aber nicht nur Descartes wird kritisiert. Hegel ist auch dort, wo später das Prinzip der Subjektivität besser, ja vollendet durchgeführt wird – man denke an Kants Deduktion der reinen Verstandesbegriffe oder an Fichtes Ableitung aller Folgesätze aus einem obersten Grundsatz[53] –, noch lange nicht zufrieden. Kant und Fichte haben die Folgebestimmungen zwar nicht, wie es Descartes' Manko gewesen war, einfach empirisch aufgegriffen, sondern tatsächlich abgeleitet, aber erreicht wird auf diese Weise doch nur ein sogenannter subjektiver Idealismus, und der ist in Hegels Augen prinzipiell ungenügend.

Kant und Fichte gelten Hegel als die Protagonisten dieses subjektiven Idealismus: »Die Fichtesche Philosophie hat denselben Standpunkt als die Kantische Philosophie; das letzte ist immer die Subjektivität« (20, 407). Dabei ist das idealistische Prinzip Hegel zufolge jedoch ganz ungenügend, nämlich bloß einseitig – eben nur subjektiv – durchgeführt. Demgegenüber will Hegel einen vollständigeren, einen »absoluten Idealismus« begründen (8, 123).

Worin liegt für ihn das Ungenügen des subjektiven Idealismus? Neben der Selbstwidersprüchlichkeit (die Einschränkung auf bloß endliche Erkenntnis wird ihrerseits absolut behauptet) liegt das hauptsächliche Manko in der Unfähigkeit zu epistemischer Objektivität. Alles Erkannte soll letztlich bloß subjektiv sein. Dies aber widerstreitet dem Begriff des Erkennens, denn dieser zielt unweigerlich auf ein Begreifen der Gegenstände, wie sie an sich sind: »Ungereimt ist eine wahre Erkenntnis, die den Gegenstand nicht erkennte, wie er an sich ist« (5, 39).

Aber derlei Objektivität erreicht der subjektive Idealismus systematisch nicht – weshalb er sie für unerreichbar erklärt. Kant redet zwar immer wieder von Objektivität, aber es handelt sich dabei doch bloß nominell um Objektivität, in Wahrheit hingegen um Subjektivität – nämlich um die »Objektivität« von subjektiv bestimmten Erscheinungen. Eine Erkenntnis à la Kant enthält »nichts Objektives«, die von ihm den Kategorien »zugeschriebene Objektivität« ist »nur etwas *Subjektives*« (8, 123). »Die Kantische Objektivität des Denkens ist insofern selbst nur wieder subjektiv, als nach Kant die Gedanken, obschon allgemeine und notwendige Bestimmungen, doch *nur unsere* Gedanken und von dem, was das Ding *an sich* ist, durch eine unübersteigbare Kluft unterschieden sind. Dagegen ist die wahre Objektivität des Denkens diese, daß die Gedanken nicht bloß unsere Gedanken, sondern zugleich das *Ansich* der Dinge und des Gegenständlichen überhaupt sind« (8, 116). Die kantische Philosophie ist insgesamt ein »subjektiver Dogmatismus« (20, 333), der »bei der Subjektivität als letzter schlechthin affirmativer Bestimmung stehenbleibt« (8, 123).

Fichte sucht dann zwar die Identität von Subjekt und Objekt, vermag diese aber wiederum nur subjektiv zu fassen. Die Identität erschöpft sich bei ihm in »einem subjektiven Subjekt-Objekt« (2, 94), seine Wissenschaftslehre ist und bleibt eine Wissenschaft bloß »des subjektiven Subjekt-Objekts« (103), sie kommt »über diese subjektive Form des Absoluten nicht hinaus« (20, 314).

Hegels Kritik am subjektiven Idealismus lässt an Deutlichkeit nichts zu wünschen übrig – nicht nur was die Zielrichtung seiner Einwände, sondern auch was seine Geringschätzung dieser Position angeht. Er nennt den subjektiven Idealismus einen »platten« (8, 123), »albernen« (17, 445), »philisterhaften« Idealismus (20, 385) und spricht generell vom »schlechten Idealismus der modernen Zeit« (18, 405 u. 440). – Das ist in dieser Härte vielleicht überraschend und jedenfalls zu wenig bekannt.

Hegel bleibt ungewollt den Denkfiguren des subjektiven Idealismus verhaftet

Geläufig hingegen ist, dass Hegel über den subjektiven Idealismus unbedingt hinausgelangen und einen absoluten Idealismus begründen wollte. Aber ist ihm das gelungen? Oder spricht schon die Schärfe seiner Kritik am subjektiven Idealismus dafür, dass er diesem (ohne dass ich hier allzu sehr psychoanalytische Aspekte ins Spiel bringen möchte) tiefer verhaftet blieb, als ihm lieb sein konnte?

Hegel will zeigen, dass unsere Erkenntnis nicht einfach *unsere* Erkenntnis ist, sondern im größeren Zusammenhang des Prozesses der Idee, also des Zusichkommens des Wahren steht. Unsere

Tätigkeit soll das vollendende Moment dieses Prozesses darstellen und so für diesen transsubjektiven Prozess Bedeutung haben.

Die Frage aber ist, ob die von Hegel zur Erreichung dieses Zieles in Anschlag gebrachten Mittel zureichend sind. Das könnte nur dann der Fall sein, wenn seine kategorialen Mittel nicht der Philosophie der Subjektivität entnommen wären. Ich fürchte jedoch, dass Hegel noch zur Konturierung der für seinen Übersteigungsversuch entscheidenden Instanzen – Geist und Idee – ausschließlich die für die Philosophie der Subjektivität typischen Denkmittel einzusetzen vermochte.[54]

Die Denkmittel der Philosophie der Subjektivität entstammen der Analyse des Bewusstseins und des Selbstbewusstseins. Für Kant kommt dem Bewusstsein entscheidende Bedeutung zu: Die Einheit der Gegenstände der Erfahrung ist ein Reflex der Einheit des Bewusstseins.[55] Das Bewusstsein ist der konstitutive Horizont aller Erscheinungen. Dabei ist Bewusstsein schon für Kant wesentlich Selbstbewusstsein bzw. Ich.[56] Während das Bewusstsein bei Kant wesentlich *verbindende* Funktion hat (indem es dazu dient, »das Mannigfaltige gegebener Vorstellungen unter Einheit der Apperzeption zu bringen«[57]), nimmt es bei Fichte *produktive* Funktion an (es ist »Tathandlung«). *Wir* sind es, welche die Vorstellungen äußerer Gegenstände hervorbringen. Fichte macht explizit, dass alles Bewusstsein Selbstbewusstsein ist – dass Selbstbewusstsein das Grundphänomen ist, wohingegen ein Bewusstsein, das noch glaubt, Bewusstsein eines Anderen und nicht Selbstbewusstsein zu sein, defizitär ist.

Wenn alle Gegenständlichkeit auf Leistungen der Subjektivität beruht, dann sind die Gegenstände nicht etwas anderes zum Bewusstsein, sondern gleichsam Fleisch von dessen Fleisch. In Fichtes Terminologie: Was man als ein Bewusstsein vom Gegenstand ansieht, ist in Wahrheit das Bewusstsein des eigenen Setzens dieses Gegenstandes.[58] Also heißt, beim Anderen, dem Gegenstand, zu sein, nicht, bei einem wirklich Anderen zu sein, sondern *bei sich* zu sein – nur in der *Form des Bezugs auf Anderes*, das aber bloß *eine andere Gestalt des Selbst* ist. Das Beim-Anderen-sein ist in Wahrheit ein Beisichsein-im-Anderssein. Die Formel vom Beisichsein-im-Anderssein – die als emblematisch für Hegels Philosophie gilt – ist der Sache nach geradezu *die Kernfigur des subjektiven Idealismus.*

Wie steht Hegel zur Thematik von Bewusstsein und Selbstbewusstsein? Auch er hat die Struktur des Bewusstseins ausführlich thematisiert und zu zeigen versucht, dass das Bewusstsein eigentlich Selbstbewusstsein ist. Er geht davon aus, dass das Bewusstsein durch den »Gegensatz des Bewusstseins« charakterisiert ist (5, 43). Das Bewusstsein unterscheidet zwischen sich und seinem Gegenstand. Einerseits bezieht es sich auf den Gegenstand, andererseits unterscheidet es diesen von sich selbst (und ebenso umgekehrt sich vom Gegenstand). Nun ist diese Unterscheidung aber offenbar eine Selbstunterscheidung: Das Bewusstsein unterscheidet den Gegenstand und sich selbst als zwei Momente seiner selbst. Die zugrunde liegende Struktur ist also die eines Selbstbewusstseins – nur dass dieses ob der vermeintlichen Andersheit des Gegenstandes zunächst noch nicht als Selbstbewusstsein, sondern als Bewusstsein aufgefasst wird. Aber »das Bewußtsein eines Andern, eines Gegenstandes überhaupt, ist [...] selbst notwendig *Selbstbewußtsein*, Reflektiertsein in sich, Bewußtsein seiner selbst in seinem Anderssein« (3, 135). Ebendies bringt die Formel vom Beisichsein-im-Anderssein zum Ausdruck. Sie ist äquivalent mit der Einsicht, dass das Bewusstsein eigentlich die Form des Selbstbewußtseins hat (dass »alles Bewußtsein eines anderen Gegenstandes Selbstbewußtsein ist«, 10, 213).

Mit der im Verlauf der *Phänomenologie des Geistes* gewonnenen Einsicht, dass »die Wahrheit des Bewußtseins das *Selbstbewußtsein*« ist (ebd.), glaubt Hegel eine Wissensform erreicht zu haben, die – als absolutes Wissen – »die Wahrheit aller Weisen des Bewußtseins« darstellt (5, 43) und fortan (in der *Wissenschaft der Logik*) die Explikation des Prozesses der Idee erlauben wird. Diese Wissensform beruht auf der »Befreiung von dem Gegensatze des Bewußtseins« und expliziert »den *Gedanken, insofern er ebenso sehr die Sache an sich selbst ist*, oder *die Sache an sich selbst*, insofern sie *ebenso sehr der reine Gedanke ist*« (ebd.).

Damit, meint Hegel, ist die Erhebung über den subjektiven Idealismus gelungen. Denn während dieser grundsätzlich »innerhalb des Bewußtseins und seines Gegensatzes« stehenblieb (5, 59), hat die neue Denkform diesen Gegensatz hinter sich gelassen. Im Schritt zur »reinen Wissenschaft« wird die Gegensatzstruktur zugunsten einer binnendifferenzierten Identität überstiegen. Damit ist der Boden eines wahrhaften Idealismus gewonnen, welcher die Idee als *»absolute Einheit des Begriffs und der Objektivität«* (8, 367) bzw. »des Begriffs und der Realität« (4, 202 bzw. 6, 465) zu explizieren imstande ist. Der subjektive Idealismus war, weil er an die Gegensatzstruktur des Bewusstseins gebunden blieb, dazu unfähig.

Nach allem, was zuvor ausgeführt wurde, kann das jedoch nicht überzeugen und nicht richtig sein. Denn was war für den subjektiven Idealismus konstitutiv? Die Einsicht, dass alles Gegenstandsbewusstsein grundsätzlich Selbstbewusstsein ist. Und was soll für Hegels darüber hinausgehende Position ausschlaggebend sein? Die »Befreiung von dem Gegensatze des Bewußtseins«, die konsequente Überführung der Bewusstseins- in eine Selbstbewusstseinsstruktur. Wo ist da der Unterschied? Es gibt keinen. Schon für den subjektiven Idealismus war der Schritt von Bewusstsein zu Selbstbewusstsein entscheidend. Und für den hegelschen Idealismus soll er es erneut sein. Wie aber soll etwas, was für den subjektiven Idealismus konstitutiv war, zugleich dessen Überwindung begründen können? Der Schritt von Bewusstsein zu Selbstbewusstsein war die Eintrittskarte zum subjektiven Idealismus – da kann er schlecht zugleich als Ausfahrtticket aus dessen Gebäude taugen.

Dass die Denkform, die Hegel entwickelt hat und auf die er alles setzt, der Struktur des Selbstbewusstseins folgt, ist nicht etwas, was ich Hegel unterstelle oder an ihn herantrage, sondern Hegel hat die von ihm entwickelte Denkform selber so beschrieben. Als er in der Einleitung in die *Wissenschaft der Logik* die von ihm konzipierte Wissenschaft durch die in der *Phänomenologie des Geistes* vollbrachte »Befreiung von dem Gegensatze des Bewußtseins« charakterisiert, sagt er, dass diese Wissenschaft »das reine sich entwickelnde Selbstbewußtsein« ist und »die Gestalt des Selbsts« hat (5, 43). Er sieht also selber, dass sein Unternehmen ganz im Zeichen des Selbstbewusstseins steht. Er scheint nur zu übersehen, dass dies just schon für den subjektiven Idealismus typisch gewesen war.

Schließlich sind auch Geist und Idee – also die Instanzen, mittels deren eine Überwindung des subjektiven Idealismus gelingen soll – bei Hegel ganz und gar nach dem Modell des Selbstbewusstseins konturiert. Sie weisen keinerlei Bestimmungen auf, die nicht solche des Selbstbewusstseins wären.[59] Insofern bleiben sie dem Paradigma des subjektiven Idealismus verhaftet. Hegel hat die Struktur des Selbstbewusstseins allenfalls auf ungewohnte Größen – das Absolute, das Ganze (oder eben auf Idee und Geist) – übertragen. Diese stellen Extensionen der Selbstbewusstseins-Struktur dar. Aber Extensionen erbringen keine neue Struktur.

Kurzum: Das Absolute wird bei Hegel nach dem Modell der Subjektivität gedacht. Der berühmte Satz aus der Vorrede der *Phänomenologie des Geistes*, wonach das Wahre »als *Subjekt* aufzufassen und auszudrücken« ist (3, 23), trifft den Nagel auf den Kopf. Hegel hat das Absolute nach dem Modell des Selbstbewußtseins als »das reine sich entwickelnde Selbstbewußtsein« gedacht (5, 43). Er hat sich noch in seinen ausgreifendsten Gedanken der Matrix des subjektiven Idealismus nicht zu entziehen vermocht. Er hat sein Ziel, über die subjektivistische Denkform hinauszugelangen, nicht erreicht.

Auch das ist wohl (zumindest für viele) ein überraschender Befund. Auch bei Hegel ist nicht alles Gold, was glänzt. Auch Große können irren – groß irren. Und dann doch anderswo einen wunderbaren Schatz heben.

Subjektivität als Konstituens der Tiere

Das wirklich Bahnbrechende in Hegels Thematisierung von Subjektivität liegt in der Zuerkennung von Subjektivität nicht erst an den Menschen, sondern schon an die Tiere.

In der *Enzyklopädie* legt Hegel ausführlich dar, dass Subjektivität *das* Konstituens tierhafter Existenz ist. Denn was ist für Subjektivität grundlegend? Selbstbezogenheit. Diese kommt aber in der Stufenleiter des Organischen bereits den Tieren zu nicht schon den Pflanzen, sondern erst den Tieren, und zwar allen Tieren.

Die Selbstbezogenheit zeigt sich erstens im Verhältnis des tierischen Organismus zu seinen Teilen. Auch die Pflanzen weisen schon Teile auf, aber bei ihnen ist »jeder Teil die ganze Pflanze« (10, 19), die Teile besitzen also Selbständigkeit gegenüber dem Ganzen, befinden sich noch nicht »in vollkommener Unterwürfigkeit unter die Einheit des Subjekts« (ebd.). Das ist bei den Tieren anders. Hier haben die Teile keine Selbständigkeit mehr. Beim tierischen Organismus untersteht das anscheinende Außereinander der Teile vollkommen der Einheit des Subjekts: »Das Ganze wird von seiner Einheit so durchdrungen, daß nichts in ihm als selbständig erscheint« (ebd.). Das Tier tritt nicht in seine Teile auseinander, sondern bleibt inmitten von deren Differenziertheit bei sich selbst, es ist in der »Äußerlichkeit« seiner Teile bzw. Organe zugleich »unmittelbar in sich reflektiert« (ebd.). Dadurch ist es »für sich seiende Subjektivität« (ebd.).

Zweitens verfügen die Tiere aufgrund dieser Selbstbezüglichkeit über Empfindung. Sie besitzen Selbstempfindung und Fremdempfindung. Selbstempfindung: Sie spüren es, wenn mit ihrem Metabolismus, ihrem Kreislauf, ihrer Temperatur, ihrem Zuckerhaushalt etwas nicht stimmt. Fremdempfindung: Sie bemerken es, wenn ihnen von außen eine Verletzung angetan oder eine Wohltat zuteilwird, wenn etwas für sie angenehm oder unangenehm ist. Gewiss, dabei handelt es sich noch lange nicht um Erkenntnis und nicht einmal um eine Wahrnehmung dessen, wie jene äußeren Verhältnisse an ihnen selbst beschaffen sind, sondern es handelt sich durchweg nur um eine Beurteilung des anderen nach eigenen Vorgaben, nach den eigenen Kriterien. Das Maß ist nicht der Gegenstand, sondern das Selbst. »Die animalische Subjektivität ist […] dieses, in ihrer Leiblichkeit und dem Berührtwerden von einer äußeren Welt sich selbst zu erhalten und als das Allgemeine bei sich selbst zu bleiben« (9, 430).

In diesem Zusammenhang spricht Hegel den Tieren einmal sogar die Position des »absoluten Idealismus« zu (ebd.). Er will damit sagen: Als empfindende Wesen kennen die Tiere nichts schlechthin anderes, vielmehr verstehen sie alles andere als eine Modifikation ihrer selbst, sie leben im vollkommenen Beisichsein. »Das Leben des Tiers ist so, als dieser höchste Punkt der Natur, der absolute Idealismus, die Bestimmtheit seiner Leiblichkeit zugleich auf eine vollkommen flüssige Weise in sich zu haben, – dies Unmittelbare dem Subjektiven einzuverleiben und einverleibt zu haben« (ebd.). Ähnlich hat Hegel auch an anderen Stellen die Weisheit der Tiere im Unterschied zu den Verirrungen philosophischer Positionen gepriesen, so wenn er die Tiere in der *Phänomenologie des Geistes* dafür lobt, dass sie im Gegensatz zur unsinnigen Beschwörung der Realität der sinnlichen Gegenstände ganz selbstverständlich von deren Nichtigkeit überzeugt sind: »Sie bleiben nicht vor den sinnlichen Dingen als an sich seienden stehen, sondern verzweifelnd an dieser Realität und in der völligen Gewißheit ihrer Nichtigkeit langen sie ohne weiteres zu und zehren sie auf; und die ganze Natur feiert wie sie diese offenbaren Mysterien, welche es lehren, was die Wahrheit der sinnlichen Dinge ist« (3, 91). Oder in der *Enzyklopädie*: »Über eine in unseren Zeiten grassierende Metaphysik, nach welcher wir die Dinge darum nicht erkennen, weil sie absolut fest gegen uns sind, könnte man sich ausdrücken, daß nicht einmal die Tiere so dumm sind als diese Metaphysiker; denn sie gehen auf die Dinge zu, greifen, erfassen, verzehren sie« (9, 19).

Die organische Verfassung (wo jeder Teil sich nicht als selbständiger Teil aufführt, sondern als Glied des Ganzen verhält) und die Empfindung (wo aller Fremdbezug die Form des Eigenerlebens hat) kennzeichnen das Tier als ein durch Subjektivität bestimmtes Wesen. Beim Tier ist »das Selbst für das Selbst« (9, 432), »das Tier [...] ist das Selbst, das für das Selbst ist« (9, 430).

Aus ihrer Subjektivität erklärt sich dann auch das Verhalten der Tiere. Sie sind innengesteuert, sind selbstgesteuert, nicht außengesteuert. »In dieser subjektiven Innerlichkeit liegt, daß das Tier durch sich selbst, von innen heraus, nicht bloß von außen bestimmt ist, d. h. daß es Trieb und Instinkt hat« (10, 20). Ganz besonders hebt Hegel die sich bei den Tieren findende Artikulation des Selbstgefühls durch die Stimme hervor: »Die Stimme ist ein hohes Vorrecht des Tiers, das wunderbar erscheinen kann; sie ist die Äußerung der Empfindung, des Selbstgefühls« (9, 433). Von daher rückt Hegel die Tiere am Ende sogar in die Nähe des Denkens: »Die Stimme ist das Nächste zum Denken: denn hier wird die reine Subjektivität gegenständlich« (9, 434).

Kurzum: Für Hegel ist das Tier »ein wahres, für sich seiendes Selbst, das zur Individualität gelangt« (9, 434). Er spricht den Tieren »wahrhaft subjektive Einheit« zu (9, 430). Subjektivität ist für Hegel nicht erst ein Charakteristikum des Menschen, sondern schon ein Proprium aller Tiere. Damit hat er sich vielleicht am weitesten von Descartes entfernt, den er als den »wahrhaften Anfänger der modernen Philosophie« gepriesen hatte, denn Descartes hatte die Tiere keineswegs als beseelte Wesen, sondern als mechanische Automaten angesehen. – Es gibt eben doch Fortschritte in der Philosophie.

7. Lob des Anthropomorphismus

Hegels Stellung zum Anthropomorphismus ist ambivalent. Einerseits beklagt Hegel die Fixierung des modernen Denkens auf den Menschen. Alles wird nur aus einem menschlichen Blickwinkel betrachtet und beurteilt: »Die allmächtige Zeit und ihre Kultur« haben einen »festen Standpunkt« fixiert: »den Menschen«; »dieser Mensch und die Menschheit sind ihr absoluter Standpunkt« (2, 299). Der anthropische Standpunkt bildet die Standardüberzeugung der Zeit. Hegel ist einer der frühesten Diagnostiker des anthropischen Gehäuses der Moderne. Während es von den Zeitgenossen als Befreiung empfunden wurde, erkennt Hegel es als Gefängnis. Er kritisiert die anthropische Selbstverengung und möchte den Bewusstseinszement seiner Zeit und Kultur durchstoßen. Er will den Menschen weiter als nur vom Menschen her verstehen.

Andererseits erklärt Hegel: »Das Menschliche [...] muß zum Prinzip gemacht und das Anthropomorphistische [...] vollendet werden« (14, 129). Hegel hat gegen den von ihm kritisierten engmenschlichen Anthropomorphismus der eigenen

Zeit einen Anthropomorphismus des groß gedachten Menschen entwickelt. Der Mensch, sagt Hegel 1818 in seiner Antrittsrede an der Berliner Universität, »soll sich selbst ehren *und sich des Höchsten würdig achten*« (10, 404). Und wenn Hegel fortfährt, man könne »von der Größe und Macht des Geistes [...] nicht groß genug denken«, so gehört dies beides für ihn eben zusammen: In seiner Konzeption gelangen Geist und Idee erst durch den Menschen zu ihrer eigentlichen Vollendung. – Wie kann Hegel den einen, den engmenschlichen Anthropomorphismus ablehnen und den anderen, den großmenschlichen Anthropomorphismus propagieren?

»Die Griechen hatten Anthropomorphismus – ihr Mangel ist, dass sie dies nicht genug waren«

Paradigmatisch lässt sich dies an Hegels Erörterung des altgriechischen Anthropomorphismus ablesen. Hegel nimmt die Griechen gegen den Vorwurf des Anthropomorphismus in Schutz. Dieser Vorwurf ist schon in der Antike erhoben und seither oft erneuert worden. Hegel hält ihn für gänzlich verfehlt. Im Anthropomorphismus lag ihm zufolge gerade die Stärke der griechischen Religion und Kunst: Der Anthropomorphismus machte »das Wahrhafte an den griechischen Göttern aus, wodurch sie über alle Naturgötter und über alle Abstraktionen des einen und höchsten Wesens zu stehen kommen« (12, 304). Das Göttliche war bei den Griechen eben nicht mehr wie zuvor eine abstrakte, numinose Macht, sondern hatte in vielerlei Varianten menschliche Gestalt angenommen. Von dieser Vermenschlichung lebte die griechische Kunst – jener einmalige Gipfel der Kunstentwicklung, bei dem Gehalt und Form sich in vollendeter Übereinstimmung befanden, so dass Hegel sagen konnte: »Schöneres kann nicht sein und werden« (14, 128).

Allerdings: Wahreres konnte sehr wohl werden und ist geworden. Dort nämlich, wo das Menschliche höher und geistiger gedacht wurde als bei den Griechen. Der »Gehalt der klassischen Kunstschönheit« war »noch mangelhaft« (14, 23), aber das lag nicht etwa am Anthropomorphismus als solchem, sondern daran, dass dieser noch nicht weit genug getrieben war: »Die Griechen hatten menschlich gebildete Götter, hatten Anthropomorphismus; ihr Mangel ist, daß sie dies nicht genug waren« (19, 508). Was ihnen noch fehlte, war die Konkretion, die bis zum Individuum hin reicht. Diesen Schritt hat erst das Christentum vollzogen. »Das Christentum hat den Anthropomorphismus viel weiter getrieben; denn der christlichen Lehre nach ist Gott nicht ein nur menschlich gestaltetes Individuum, sondern ein wirkliches einzelnes Individuum, ganz Gott und ganz ein wirklicher Mensch, hineingetreten in alle Bedingungen des Daseins« (14, 23).

Genauer gesagt, war der griechische Anthropomorphismus einerseits »zuviel« und andererseits »zuwenig« anthropomorphistisch (19, 508). Zu viel: Den griechischen Göttern wurden Eigenschaften zugeschrieben, die allzu menschlich und des Göttlichen unwürdig waren. Schon Xenophanes hatte beklagt, dass Homer und Hesiod »den Göttern alles beigelegt haben, was selbst unter den Menschen Schimpf und Schande ist: stehlen, ehebrechen und einander betrügen« (20, 497).[60] Und Hegel: »Wenn von dem, was Gott sein soll, gesagt wird, daß ihm die männlichen Zeugungsglieder abgeschnitten und dann zum Ersatz die eines Ziegenbock angeheilt worden seien, so verstehen wir nicht, wie dergleichen von Gott gesagt werden könne« (20, 503). In derlei Erscheinungen verlor sich der griechische Anthropomorphismus »in Äußerlichkeiten der Vermenschlichung und in Endlichkeiten des Anthropomorphismus, welche die Götter in das Gegenteil dessen verkehren, was den Begriff des Substantiellen und Göttlichen ausmacht« (14, 109 f.). Wenn schon Vermenschlichung (und diese soll sein), dann bitte im Sinn der geistigen Höhe des Menschen, nicht im Sinn von Vulgarität und Trivialität.

»Christus lebt, stirbt, leidet den Tod am Kreuze – was unendlich menschlicher ist als der Mensch der griechischen Schönheit«

In der vom Christentum vertretenen Fleischwerdung Gottes liegt für Hegel der entscheidende Schritt über das Griechentum hinaus. Christlich wird »das Menschliche als wirkliche Subjektivität zum Prinzip gemacht« und so »das Anthropomorphistische vollendet« (14, 129). Mit den Kategorien der *Logik* gesprochen: Hier hat sich das Allgemeine über das Besondere zum Einzelnen vorgearbeitet und die Form der Einheit von Allgemeinem, Besonderem und Einzelnem erreicht. Für das Absolute ist es entscheidend, nicht im Modus der Unendlichkeit zu verharren, sondern auch im Endlichen real zu sein. Davon war die griechische Religion noch weit entfernt. Denn »das An-und-für-sich-Notwendige« gehörte »nicht den einzelnen Göttern an«, machte »nicht den Inhalt ihrer eigenen Selbstbestimmung« aus, sondern schwebte »nur als bestimmungslose Abstraktion über ihnen« (14, 109). So hatte es auch bei weitem noch nicht die Form der Einzelheit, des Diesen, der Individualität errungen.[61] Das geschah erst mit dem Christentum. In Christus wurde Gott »ein wirkliches einzelnes Individuum« (14, 23). »Das Göttliche, Gott selber, ist Fleisch geworden, geboren, hat gelebt, gelitten, ist gestorben und auferstanden« (14, 111). Damit sind Unendlichkeit und Endlichkeit vereinigt: »Wie der Mensch ursprünglich Gottes Ebenbild war«, so ist nun zugleich »Gott ein Ebenbild des Menschen« (14, 112).[62]

Gelegentlich mag der Anthropomorphismus im Verlauf der Geschichte dubiose Formen angenommen haben. Aber im Prinzip, meint Hegel, war er nicht nur berechtigt, sondern notwendig. Das Absolute ist erst vollendet, wenn es ganz konkret geworden ist, wenn es mit der höchsten Form, die es im Endlichen annehmen kann, eins geworden ist: mit der menschlichen Subjektivität und Individualität. Der vollendete Anthropomorphismus ist zugleich die Vollendungsgestalt des Absoluten.

Erste Ergänzung: Goethe – freudiger Anthropomorphismus

Hier mag vergleichshalber ein Exkurs zu Goethe am Platz sein. Auch Goethe vertrat eine positive Sicht des Anthropomorphismus. Allerdings sind Tonlage und Gründe bei Goethe reichlich anders als bei Hegel.

Goethe ist überzeugt, dass man beim Studium der Natur regelmäßig uns Verwandtes und damit stets auch den Menschen findet. Wenn Goethe erklärt »der Mensch begreift niemals, wie anthropomorphisch er ist«,[63] so hat das bei ihm keinen kritischen, sondern einen beinahe euphorischen Unterton. Es geht Goethe (ähnlich wie Hegel) nicht darum, Anthropomorphismen abzuschütteln, sondern anhand ihrer unsere konstitutive Gemeinsamkeit mit der Welt zu entdecken: Die Welt ist uns nicht fremd, und wir sind ihr nicht fremd. Die Natürlichkeit der Welt und unsere Geistigkeit sind aus dem gleichen Guss, daher können wir uns in allem finden. Anthropomorphismen sind für Goethe Anlass zur Freude des groß und aufrecht die Welt durchschreitenden Menschen, der allem zuwinkt – und alles winkt zurück.

Darin ist Goethes Sicht des Anthropomorphismus dann freilich doch reichlich anders als die Hegels. Hegel begriff den Anthropomorphismus als eine ernste, systematische Notwendigkeit im Zusichkommen der Idee. Goethe nimmt den Anthropomorphismus weitaus selbstverständlicher und spielerischer. Für ihn kommt im Anthropomorphismus der Zusammenklang von Mensch und Welt zum Ausdruck. Dieser ist eine Folge unserer bis ins Geistige reichenden Natürlichkeit. Und dafür braucht es keine hochtrabende Theorie, keine metaphysische Erzählung von einem Prozess der Idee, sondern nur ein schauendes Auge.

Zweite Ergänzung: Hegel und Heine – der Mensch ist's, nicht die Sterne

Heinrich Heine berichtet, er habe an einem Abend im Herbst 1822 neben Hegel am offenen Fenster gestanden und schwärmerisch von den Sternen gesprochen, der Meister aber habe vor sich hin gebrummelt: »Die Sterne, hum! hum! die Sterne sind nur ein leuchtender Aussatz am Himmel.«[64] Daraufhin habe Hegel dem jungen Schwärmer die Hand auf die Schulter gelegt und erklärt: »Die Sterne sind's nicht: doch was der Mensch hineinlegt, *das* eben ist's!«[65]

In dieser kurzen Szene wiederholt sich in komprimierter Form der früher von Kant vollzogene Übergang von Himmelsbegeisterung zu Himmelsernüchterung. 1755, in seiner *Allgemeinen Naturgeschichte und Theorie des Himmels*, hatte Kant gegen Ende davon gesprochen, dass »der Anblick eines bestirnten Himmels, bei einer heitern Nacht, eine Art des Vergnügens gibt, welches nur edle Seelen empfinden. Bei der allgemeinen Stille der Natur und der Ruhe der Sinne redet das verborgene Erkenntnisvermögen des unsterblichen Geistes eine unnennbare Sprache«.[66] Kant träumte in diesem Zusammenhang gar von einer Versetzung der Menschheit an »neue Wohnplätze in anderen Himmeln«.[67]

Gut dreißig Jahre später jedoch, im berühmten »Beschluss« der *Kritik der praktischen Vernunft* von 1788, fiel die Einschätzung des Blicks zum bestirnten Himmel wesentlich nüchterner aus: »Der Anblick einer zahllosen Weltenmenge vernichtet gleichsam meine Wichtigkeit, als eines *tierischen Geschöpfs*, das die Materie, daraus es ward, dem Planeten (einem bloßen Punkt im Weltall) wieder zurückgeben muß, nachdem es eine kurze Zeit (man weiß nicht wie) mit Lebenskraft versehen gewesen.«[68] Für kosmische Fantasien ist jetzt kein Platz mehr. Der Blick in den Himmel lehrt uns nur noch unsere Vergänglichkeit und Bedeutungslosigkeit. Hingegen erhebt das Bewusstsein des moralischen Gesetzes in uns den Wert des Menschen »unendlich«. Denn dieses Gesetz offenbart uns »ein von der Tierheit und selbst von der ganzen Sinnenwelt unabhängiges Leben«, dessen Bestimmung »nicht auf Bedingungen und Grenzen dieses Lebens eingeschränkt ist, sondern ins Unendliche geht«.[69] Als physische Wesen sind wir dem Kosmos hoffnungslos unterlegen, als moralische und intelligible Wesen jedoch unendlich überlegen.

Hegel bringt diese Depotenzierung der ehemaligen Himmelsbewunderung zum Abschluss. Nicht extrahumane Instanzen bieten Orientierung und Hoffnung, sondern für den Menschen liegt das Heil allein in seiner Geistnatur. Die einst so bewunderten Sterne sind für Hegel nur noch ein Aussatz am Himmel: »Dieser Licht-Ausschlag ist so wenig bewundernswürdig als einer am Menschen oder als die Menge von Fliegen« (9, 81). Die Sterne sind nicht einmal halbwegs zu sich gekommene Formen des Geistes, sie sind ohne jedes Selbstbewusstsein. Insofern ist ihnen jeder Verbrecher überlegen, er besitzt mehr Wert als die Sternenwelt: »Wenn aber die geistige Zufälligkeit, die *Willkür*, bis zum *Bösen* fortgeht, so ist dies selbst noch ein unendlich Höheres als das gesetzmäßige Wandeln der Gestirne oder als die Unschuld der Pflanze; denn was sich so verirrt, ist noch Geist« (9, 29).

Es ist seine Geist-Emphase, die Hegel zu solchen Ansichten führt. Der Geist begründet für ihn die Auszeichnung des Menschen inmitten der Welt. Daher: »Die Sterne sind's nicht: doch was der Mensch hineinlegt, *das* eben ist's!«[70] Der Mensch ist für Hegel die Instanz, durch die das Licht der Welt erst eigentlich aufgeht und seine volle Strahlkraft erlangt. Erst durch den Menschen treten Sinn und Bedeutung von allem zutage. Das Licht des menschlichen Geistes ist jeglichem kosmischen Licht unendlich überlegen.

Oder doch auch Kosmomorphismus?

Aber muss das unbedingt zur harschen Aburteilung der Sterne und ihrer Bewunderung führen? Ist die Natur denn nicht auch schon Geist? Ist sie nicht, wie Hegel selbst formuliert hat, »schlafender Geist« (7, 403) und »ein freier Reflex des Geistes« (9, 539)? Gewiss, sie ist Geist nicht im Modus des Beisichseins, sondern des Andersseins.[71] Aber sie ist auch »an ihr selbst dieser Prozeß, zum Geiste zu werden, ihr Anderssein aufzuheben« (9, 25). Hegels Erklärung, dass die Sternenwelt nicht Geist sei, mag zwar für die gesamte anorganische Natur zutreffen, aber mit der Stufe des Lebendigen ändert sich das doch offensichtlich: Alles Organische verfügt gerade Hegel zufolge über Subjektivität, und zumindest die höheren Tiere besitzen auch rudimentäre Formen von Selbstbewusstsein und Erkennen – in ihnen ist der Geist längst auf dem Weg zum Beisichsein.

Schließlich: Findet sich in der anorganischen Welt wirklich noch gar nichts davon? Etliche kosmische Phänomene – von der Entstehung der Galaxien bis zur Strukturbildung der RNA-Welt – beruhen auf Selbstorganisation. Diese ist die originäre Form von Selbstbezüglichkeit, von Reflexivität, die anschließend zu den immer komplexeren Formen des Bewusstseins und Selbstbewusstseins geführt hat. Geist ist die avancierte Form einer schon im Anorganischen begonnenen Selbstbezüglichkeit und Selbstorganisation. Letztlich besteht also kein Grund, die Sternenwelt so abzufertigen, wie Hegel es tut. Eine entsprechende Korrektur müsste auch keineswegs auf Kosten der Hochschätzung des

Menschen gehen. Denn wir Menschen bestehen zu einem hohen Anteil aus Sternenstaub. Dem Anthropomorphismus könnte die Ergänzung durch einen Kosmomorphismus guttun.

8. Ende der Kunst?

Kaum eine These Hegels hat so viel Staub aufgewirbelt wie seine Proklamation eines Endes der Kunst. Noch in unseren Tagen wird dieser Staub, kaum dass er sich gelegt hat, immer wieder neu und in andere Richtungen aufgewirbelt – Hegel habe die Endthese nicht so rigoros gemeint, wie es scheint; eigentlich habe er gar nicht ein Ende, sondern einen Anfang im Sinn gehabt; oh nein, mit der Endthese sei es ihm absolut ernst gewesen und mit keiner anderen These habe er bis auf den heutigen Tag dermaßen Recht behalten und so weiter und so fort.

Was hatte Hegel mit dieser ominösen These im Sinn? Hat er gemeint, dass die Kunst am Ende sei, dass es künftig keine Kunstproduktion mehr geben werde? Natürlich nicht. Dann wäre seine Behauptung ja seit bald 200 Jahren widerlegt und bedürfte keiner weiteren Diskussion mehr.[72] Hegels Auffassung ist eine andere. Er hat nicht ein Ende der Kunst als solcher verkündet, sondern ein Ende der *Bedeutung* der Kunst. Das ist offensichtlich etwas anderes. Was genau ist damit gemeint?[73]

Der Schlüsselsatz lautet: »Man kann wohl hoffen, daß die Kunst immer mehr steigen und sich vollenden werde, aber ihre Form hat aufgehört, das höchste Bedürfnis des Geistes zu sein« (13, 142). Da ist erstens klar ausgedrückt, dass die Kunst weitergehen und sich auch künftig noch entwickeln wird, zweitens aber auch, dass Kunst in Zukunft nicht mehr so bedeutsam sein wird, wie sie es bisher war.

»Alles ist heraus«

Betrachten wir zunächst, wie Hegel sich den Weitergang der Kunst vorstellt. Ihm zufolge ist die Kunst erstens »ein freies Instrument geworden« (14, 235). Ihr steht künftig »jede Form wie jeder Stoff zu Dienst und zu Gebot« (14, 236). In den früheren Epochen war die Kunst jeweils an einen bestimmten Inhalt und eine bestimmte Form gebunden. Die symbolische Kunstform (beispielsweise der Ägypter) sollte das Numinose darstellen, die klassische Kunstform (der Griechen) hatte die Übereinstimmung von geistiger Bedeutung und sinnlicher Gestalt zum Inhalt, und die romantische Kunstform (seit dem Christentum) hatte die Innerlichkeit zum Thema. Jetzt aber hat die Kunst derlei »Gebundensein an einen besonderen Gehalt und eine nur für diesen Stoff passende Art der Darstellung« hinter sich gelassen (14, 235). »Kein Inhalt, keine Form« ist mehr verbindlich (ebd.). Der moderne Künstler bewegt sich »frei für sich« (ebd.), er kann mit allen Inhalten und Formen beliebig schalten – ganz wie er will. Pluralität und Allverfügbarkeit sind kennzeichnend für den neuen Status der Kunst. Das postmoderne »anything goes« kündigt sich schon bei Hegel an.

Zweitens ist diese neuartige Situation durch die Kunst selber herbeigeführt worden. Die Kunst hat in ihrer Geschichte jeden ihr möglichen Inhalt exponiert und alle ihr möglichen Formen durchgearbeitet. Daher ist jetzt »der Gehalt erschöpft, alles heraus« (14, 234). Die Kunst hat, was überhaupt in ihrem Vermögenskreis lag, »nach allen Seiten hin offenbar gemacht« (ebd.).

Das ist ein erster Grund, warum die Kunst jetzt kein absolutes Interesse mehr erregt: Wo »alles heraus ist und nichts Dunkles und Innerliches mehr übrigbleibt«, da »verschwindet das absolute Interesse. Denn Interesse findet nur bei frischer Tätigkeit statt. Der Geist arbeitet sich nur so lange in den Gegenständen herum, solange noch ein Geheimes, Nichtoffenbares darin ist« (ebd.). Jetzt hat die Kunst ein Plateau erreicht, das nicht mehr überstiegen werden kann. Was »ausgesprochen ist, ist ausgesprochen« (14, 238). Fortan wird alles Neue nur noch ein Altbekanntes sein können. An Novitäten dieser Art aber kann man kein absolutes Interesse mehr nehmen. Es ist wie auch sonst im Leben: Wenn alles durchgespielt ist, wird es langweilig.

Der neue Fokus: »das unvergänglich Menschliche«

Warum geht die Kunsttätigkeit dann überhaupt noch weiter und in welche Richtung? Warum sagt Hegel, es sei zu hoffen und zu erwarten, »daß die Kunst immer mehr steigen und sich vollenden werde« (13, 142)? Wo kann die Entwicklung noch hinführen? Was ist der neue Fokus?

Hegel gibt eine überraschende Antwort. Darin ist nicht vom Geist, sondern allein vom Menschen die Rede. Nachdem die Kunst ihr endgültiges Plateau erreicht hat, macht sie zu ihrem neuen Fokus »die Tiefen und Höhen des menschlichen Gemüts als solchen, das Allgemeinmenschliche in seinen Freuden und Leiden, seinen Bestrebungen, Taten und Schicksalen« (14, 237 f.). Der moderne Künstler ist der »die Unendlichkeit seiner Gefühle und Situationen betrachtende, ersinnende und ausdrückende Menschengeist, dem nichts mehr fremd ist, was in der Menschenbrust lebendig werden kann« (14, 238). Die Kunst stellt jetzt alles dar, »worin der Mensch überhaupt heimisch zu sein die Befähigung hat« (ebd). Auf diese Weise hat die

Kunst einen »neuen Heiligen« kreiert. Nicht mehr Zeus oder eine andere der griechischen Göttergestalten und auch nicht mehr die Protagonisten des christlichen Pantheons von Gottvater über Christus zu Maria (vgl. 13, 142) nehmen diese Stellung ein, sondern der »neue Heilige« ist der Mensch, »der *Humanus*« (14, 237). Nur »das Erscheinen und Wirken des unvergänglich Menschlichen in seiner vielseitigsten Bedeutung und unendlichen Herumbildung ist es, was [...] den absoluten Gehalt unserer Kunst jetzt ausmachen kann« (14, 239).

In der bisherigen Geschichte der Kunst war es darum gegangen, sukzessiv Modi des Absoluten zu artikulieren. Jetzt aber, wo diese Aufgabe erfüllt und ein Posthistoire angebrochen ist, soll »der absolute Gehalt« der Kunst nur noch im »Erscheinen und Wirken des unvergänglich Menschlichen« bestehen? Merkwürdig. Ist Hegel, der sich so oft gegen anthropische Verengungen wandte, plötzlich selber zum Anthropiker geworden?

Die Frage ist bedenkenswert. Denn im gleichen Atemzug erklärt Hegel, dass die Kunst nunmehr über sich selbst hinausgegangen sei (237). Was soll das bedeuten? Derlei Formulierungen sind später, insbesondere im 20. Jahrhundert, geradezu Legion geworden. »Kunst jenseits der Kunst« ist eine Formel, die man vom Futurismus, von Max Ernst, von Ad Reinhardt und von vielen anderen kennt. Sollte Hegel tatsächlich all das schon vorweggenommen haben? Sollten seine Einsichten und Prognosen in puncto Ästhetik dermaßen zukunftsweisend gewesen sein? Was meinte Hegel genau, wenn er sagte, dass die Kunst über sich selbst hinausgegangen sei?

In erster Linie hatte er dabei im Sinn, dass die Kunst (wie zuvor dargestellt) ihre frühere Bindung an geschichtliche Aufgaben hinter sich gelassen hat. »Das Gebundensein an einen besonderen Gehalt und eine nur für diesen Stoff passende Art der Darstellung ist für den heutigen Künstler etwas Vergangenes« (14, 235). Insofern ist die Kunst über ihren früheren Status hinausgegangen, weil sie ihre geschichtliche Aufgabe erfüllt hat. Also könnte sie eigentlich abtreten. Nur: Das tut sie nicht, sondern sie erfindet für sich eine neue Aufgabe: die künstlerische Artikulation und Propagation des *Homo sum, humani nil a me alienum puto*. Die Kunst will offenbar, obwohl ihre historische Mission erfüllt ist, nicht einfach weichen. Dann muss sie sich aber, daran lässt Hegel keinen Zweifel, zumindest den neuartigen Gegenwartsbedingungen stellen.

»Der Gedanke und die Reflexion hat die schöne Kunst überflügelt«

Diese Gegenwartsbedingungen sind durch einen Umstand bestimmt, der sich nicht, wie das bislang

Dargelegte, aus dem Prozess der Kunst selbst erklärt, sondern über diesen hinausgeht. Die Kunst ist eine der Formen des absoluten Geistes, also des sich selbst erfassenden Geistes. Aber sie ist nicht die höchste dieser Formen. In der Abfolge von Kunst, Religion und Wissenschaft (mit den Vollzugsformen Sinnlichkeit, Vorstellung und Denken) ist sie nur die erste und unterste Form des absoluten Geistes. Die Gegenwart aber ist über Kunst und Religion hinausgegangen zur eigentlichen Vollendungsgestalt des absoluten Geistes: Philosophie und Wissenschaft. Diese sind jetzt an der Zeit, sie bilden die Agenda der Gegenwart, sie allein befriedigen nun die allerhöchsten Bedürfnisse des Geistes. Da kommt die Kunst nicht mehr mit. Neben dem zuvor dargestellten Grund für den Bedeutungsschwund der Kunst (sie hat ihr Pensum erledigt und kann daher kein absolutes Interesse mehr erregen) ist dies der zweite und hauptsächliche Grund für das Ende der absoluten Bedeutung der Kunst. Die Kunst kann das Absolute nicht in seiner wahrhaftesten und zeitgenössisch erreichten Form, nämlich der des Denkens, sondern nur auf eine inferiore Art, im Modus der Sinnlichkeit, vergegenwärtigen.

Die Sinnlichkeit bildet in Hegels Augen die prinzipielle Schranke der Kunst. Die Kunst kann nur Inhalte vergegenwärtigen, die sich sinnlich darstellen lassen. Das Sinnenhafte ist ihr Medium und so zugleich ihre Grenze. Gewiss: Das Sinnliche der Kunst steht dem Geistigen nahe. Anders als das Grob-Sinnliche der Natur und der Begierde ist »das Sinnliche im Kunstwerk« selber schon »ein ideelles« (13, 60). Es ist von der »bloßen Materialität befreit« und bietet nur den »*Schein* des Sinnlichen« (ebd.). Insofern steht das Kunstwerk »in der *Mitte* zwischen der unmittelbaren Sinnlichkeit und dem ideellen Gedanken« (ebd.). Ebendeshalb vermag es Geistiges in sinnlicher Form präsent zu machen.

Aber nicht jeder geistige Gehalt ist einer sinnlichen Darstellung fähig. Die Macht des Zeus oder die Talente der Athene sind es gewiss – und die griechische Kunst hat sich vielfach damit beschäftigt. Auch christliche Gehalte, etwa die Schöpfertat Gottes oder die Menschlichkeit Jesu, konnten im sinnlichen Medium der Kunst Darstellung finden. Aber reine Gedanken liegen jenseits der Möglichkeit sinnlicher Darstellung. Wie wollte man das Prinzip des Nichtwiderspruchs, wie die dialektische Bewegung des Begriffs, wie das Beisichsein-im-Anderssein darstellen?

Weil nun aber geschichtlich der Zustand erreicht ist, wo nicht mehr die Formen des Geistes, denen das Medium der Sinnlichkeit oder der Vorstellung angemessen ist, genügen, sondern wo Begriff, Reflexion und Wissenschaft – die dem Geist adäquatesten Formen – auf der Tagesordnung stehen, ist es mit den großen Zeiten der Kunst vorbei.

Bei der neuen Aufgabe kommt sie einfach nicht mehr mit. Sie ist aufgrund ihrer konstitutiven Bindung an das Sinnliche dafür ungeeignet. Der Geist der gegenwärtigen Welt ist »über die Stufe hinaus, auf welcher die Kunst die höchste Weise ausmacht, sich des Absoluten bewußt zu sein. Die eigentümliche Art der Kunstproduktion und ihrer Werke füllt unser höchstes Bedürfnis nicht mehr aus« (13, 24). »Uns gilt die Kunst nicht mehr als die höchste Weise, in welcher die Wahrheit sich Existenz verschafft« (13, 141). »Der Gedanke und die Reflexion hat die schöne Kunst überflügelt« (13, 24). Die Kunst »ist und bleibt […] nach der Seite ihrer höchsten Bestimmung für uns ein Vergangenes« (13, 25).

Das zeitgenössische Pensum der Reflexion bestimmt auch die Kunst. Dass diese ob ihrer sinnlichen Schranke der jetzigen, im Gedanken sich vollendenden Form des Absoluten keinen Ausdruck mehr zu verleihen vermag, bedeutet nicht, dass sie von dieser neuen Aufgabenstellung nicht betroffen wäre und einfach weitermachen könnte wie bisher. Vielmehr bedingt »die Reflexionsbildung unseres heutigen Lebens« (13, 24 f.) Veränderungen aufseiten sowohl des Künstlers als auch des Publikums.

Die Künstler versuchen, »selbst mehr Gedanken« in ihre Arbeiten hineinzubringen (13, 25) und sind sich bewusst, dass in einer »reflektierenden Welt« künstliche Ausbruchsversuche in eine »besondere, das Verlorene wieder ersetzende Einsamkeit« nichts mehr helfen (13, 25). Der »heutige große Künstler« muss gebildet und ein freier Geist sein: Er bedarf »der freien Ausbildung des Geistes, in welcher aller Aberglauben und Glauben, der auf bestimmte Formen der Anschauung und Darstellung beschränkt bleibt, zu bloßen Seiten und Momenten herabgesetzt ist, über welche der freie Geist sich zum Meister gemacht hat« (14, 236). Hegel fordert, dass sich »die heutige Gegenwärtigkeit des Geistes« im Kunstschaffen kundtue (14, 238).

Aber nicht nur die Künstler reagieren auf die »Reflexionsbildung unseres heutigen Lebens«, sondern auch die Gesellschaft tut es, indem sie zur Kunst zunehmend ein wissenschaftliches Verhältnis einnimmt. Erstens tritt gegenüber dem Genuss nun das Urteil in den Vordergrund: Es entsteht eine »allgemeine Gewohnheit des [...] Urteilens über die Kunst« (13, 25), die Kunstwerke werden den »denkenden Betrachtungen unterworfen« (13, 25). Zweitens regt sich jetzt, wo die Kunst nicht mehr, wie früher, »für sich als Kunst schon volle Befriedigung gewährt« (13, 26), das Bedürfnis nach der »*Wissenschaft* der Kunst« (13, 25): »Die Kunst lädt uns zur denkenden Betrachtung ein«, um das, »was die Kunst sei, wissenschaftlich zu erkennen« (13, 26). Für Hegel sind das Ende der Kunst und der Beginn der Kunstwissenschaft zwei Seiten derselben Medaille.[74]

Vorklänge der heutigen Gegenwart

Vieles an Hegels Diagnose ist überraschend aktuell. Auch heute würde niemand der Kunst eine absolute Bedeutung zusprechen wollen. Gewiss: Verschiedentlich wurde die Kunst als eine Art Ersatzreligion angesehen. Das hatte schon im späten 18. Jahrhundert mit der Romantik begonnen, um sich dann über die lebensreformerischen Strömungen im frühen 20. Jahrhundert bis hin zu den avantgardistischen Bewegungen der sechziger bis achtziger Jahre fortzusetzen. Aber dass die Kunst Philosophie und Wissenschaft ersetzen könne, das zu behaupten wäre doch allzu starker Tobak. Arnold Gehlen stellte schon 1960 fest, dass die Mehrzahl der Menschen gelernt hat, »neben der heutigen Kunst zu leben«.[75] Allenfalls zurückgebliebene Geister operierten noch mit der großen Schlüsselattitüde, aber mittlerweile kümmere sich glücklicherweise niemand mehr darum und die wesentliche Funktion der Kunst in der fortgeschrittenen Industriegesellschaft bestehe in Entlastung, so Gehlen.

Die freie Verfügbarkeit aller Inhalte und Formen, wie Hegel sie prognostiziert hat, ist inzwischen geradezu zum Signum der »Postmoderne« geworden. Deren Gleichgültigkeit und Beliebigkeit hat Hegel vorausgeahnt. Pluralität und Allverfügbarkeit, das freie Schalten und Walten mit allen erdenklichen Möglichkeiten, ein demonstrativer Eklektizismus zählten schon für ihn zu den Insignien der Zukunft. Und wenn Hegel auch Retrotrends voraussah, so hat er auch dabei treffend prognostiziert, dass diese Wiederaufnahmen ihre Vorbilder zugleich verändern würden, indem sie sie nach zeitgenössischer Manier deklinieren.

Schließlich bewegen sich auch die ständig erneuerten Proklamationen eines Hinausgehens über die Kunst, einer Kunst jenseits der Kunst, noch immer im hegelschen Gedankenkreis. Es handelt sich um Reprisen der Dauermelodie vom Überschreiten der traditionellen Verfassung der Kunst – nur dass jede dieser Überschreitungen bald schon alt aussieht, vom gleichen Überholungsrefrain eingeholt und überholt wird.

Kurzum: Keine andere These Hegels ist so dauerlebendig wie die (auf den ersten Blick eher abwegig erscheinende) These vom Ende der Kunst. Mit ihr scheint Hegel tatsächlich einen Nerv der Zukunft getroffen zu haben.

Kunst der Sinnlichkeit oder Kunst der Reflexion?

Oder doch nicht so ganz? Die hegelsche Kunstauffassung hat eine harte Grenze. Kunst ist Hegel zufolge, wie gesagt, strikt an das Medium der Sinnlichkeit gebunden. Ebendeshalb vermag die Kunst den heutigen Bedürfnissen des Geistes nicht mehr zu genügen. Das könnte jedoch doppelt falsch sein. Denn erstens hat sich gerade die Kunst des 20. Jahrhunderts von der Bindung an Sinnlichkeit gelöst. Und zweitens hat sie dies genau dadurch getan, dass sie sich dem neuen, zeitgenössisch verbindlichen Medium der Reflexion verschrieben hat. – Das ist nun näher darzulegen. Ziel ist dabei der Erweis, dass die moderne Kunst eben durch ihre Wendung gegen die Sinnlichkeit fähig wurde, das zu leisten, was Hegel ihr nicht mehr zugetraut hatte: die höchsten Interessen des Geistes zu befriedigen.

Marcel Duchamp, diese Paradefigur der Kunst des 20. Jahrhunderts, steht exemplarisch für die Abkehr von der Sinnlichkeit. Er betonte, dass die Wahl seiner Readymades »nie von einer ästhetischen Lust diktiert wurde«, sondern auf einer »Reaktion *visueller* Indifferenz« beruhte, »in der Tat eine völlige Anästhesie«.[76] Duchamps Werke sind denn auch in der Tat nicht Anlässe für sinnliche Ergüsse, sondern Instrumente der Reflexion. Konventionelle Ästhetiker freilich haben auch in diesen Werken in erster Linie sinnliche Qualitäten entdecken und sie dafür preisen wollen. Sie glaubten, die Frage, warum ein ordinärer Sanitärartikel, nur weil er in eine Ausstellung verbracht und signiert wurde, plötzlich ein Kunstwerk sein solle, durch Verweis auf dessen eminente sinnliche Qualitäten beantworten zu können. Arthur Danto hat diesen absurden Irrtum einmal wundervoll kommentiert: »Ich glaube, was Duchamp zum Wahnsinn oder zum Mord getrieben hätte, wäre der Anblick von Ästheten gewesen, die geistesabwesend über der glänzenden Oberfläche des Objektes [Duchamps Urinal] brüten, das er in den Ausstellungsraum geschafft hat: ›Wie sehr es doch dem Kilimandscharo gleicht! Wie das weiße Strahlen der Ewigkeit! Wie arktisch erhaben!‹.«[77] Der herkömmliche Ästhet mag (mit Hegel) glauben, dass für den Wert eines Kunstwerks die sinnliche Gestaltung entscheidend sei. Und traditionell war das vielleicht so. Aber in der Moderne gilt es nicht mehr. Duchamp hat das Band zwischen Sinnlichkeit und Kunst durchschnitten. Seine Readymades sind nicht Sinnes-, sondern Reflexionsobjekte. Die Anschauung hilft da ganz und gar nicht mehr weiter, sondern man muss über diese Artefakte nachdenken und begreifen, wie ein gewöhnlicher Gegenstand zu einem Kunstwerk werden kann. Früher wäre dergleichen nicht möglich gewesen. Möglich wurde es erst im

Kontext einer neuen, einer nicht mehr an Sinnlichkeit gebundenen, sondern reflexionsbestimmten Auffassung von Kunst. Modern ist es tatsächlich zu einem Hinausgehen der Kunst über sich selbst gekommen. Die Kunst hat ihre Sinnlichkeitsbindung überschritten und sich dem neuen Medium der Reflexion überstellt. Und als solche Reflexionskunst ist sie tatsächlich (was Hegel nicht für möglich gehalten hatte) auf der Höhe der Zeit.

Moderne Kunst ist Reflexionskunst. Sie hat sukzessiv alle Elemente, die einst als konstitutiv für die Kunst galten, infrage gestellt. Die moderne Malerei muss nicht mehr figurativ, sondern kann abstrakt sein, ein Bild kann zerschnitten oder der Rahmen kann zum eigentlichen Kunstwerk erklärt werden, die Musik muss nicht mehr in Tönen und Melodien schwelgen, sondern kann eine Musik der Stille sein, die konkrete Poesie hat die Grenze zwischen Schrift und Bild niedergelegt und so weiter und so fort. Die moderne Kunst bietet keineswegs, wie Hegel gemeint hatte, nur Reprisen. Es stimmt nicht, dass im frühen 19. Jahrhundert schon »alles heraus« war. Sondern die moderne Kunst hat neue Möglichkeiten erstritten, hat die Achsen der Kunst verschoben.

Von der für die Moderne typischen Wendung zur Reflexion ist gerade die Sinnlichkeit der Werke betroffen: Oft kommt es zu einer extremen Reduktion der sinnenfälligen Aspekte eines Kunstwerks. Man denke nur an die *Minimal Art*, die den Akzent ganz auf die mathematische Struktur der Objekte legt. Ein weiteres Beispiel bietet die *Concept Art*. Hier ist die konkret-sinnliche Ausführung gegenüber der künstlerischen Idee gänzlich sekundär. Die Werke sind Denkwerke und Reflexionsinstrumente, nicht Anlässe für sinnlichen Genuss. Exemplarisch ist *One and Three Chairs* von Joseph Kosuth (1965). Das Werk besteht aus einem Stuhl, einer Fotografie dieses Stuhles und einem Lexikoneintrag mit einer Definition des Wortes »Stuhl«. »Stuhl« ist eben ein Mehrfach-Etwas: real, bildlich und semantisch. Kosuths Arbeit präsentiert diese drei Dimensionen von Stuhl. Da ist gar nichts sinnlich zu genießen, sondern da gilt es einzig, über diese gleichermaßen ordinäre wie aufschlussreiche Dreifaltigkeit nachzudenken.

In solchen Formen hat die moderne Kunst ihre Sinnlichkeitsbindung überschritten und sich dem neuen Medium der Reflexion anheimgegeben. Natürlich kommt Sinnliches noch vor, bildende Kunst ist nicht reine Mathematik. Aber das Sinnliche muss keine Bedeutung mehr haben. Hegel hatte geschrieben: »Der Gedanke und die Reflexion hat die schöne Kunst überflügelt.« Demgegenüber ließe sich heute sagen: Die moderne Kunst hat qua Gedanke und Reflexion das Sinnliche *überflügelt*. Das Sinnliche kommt gleichsam nur noch als ein Schatten seiner selbst vor. Die Moderne hat es entkräftigt, hat es ausgesaugt, zum bloßen Beiwerk gemacht. Hegel hatte bereits davon gesprochen, dass die Kunst »von seiten des Sinnlichen [...] nur eine Schattenwelt von Gestalten, Tönen und Anschauungen hervorbringt« (13, 61), aber damit hatte er gemeint, dass das Sinnliche im Kunstwerk nicht in seiner rohen Form auftritt, sondern der Darstellung eines geistigen Gehalts dient, der im Kunstwerk »als versinnlicht erscheint« (ebd.). Die Moderne hat jedoch einen weiteren Schritt getan. In ihr muss der verbleibende sinnliche Rest keineswegs der Darstellung einer Bedeutung dienen, sondern kann schlicht das Residuum sein, das es braucht, damit das Kunstwerk überhaupt in der Körperwelt existiert. Das Sinnliche kann ganz ohne Bedeutung für den Kunststatus und den künstlerischen Gehalt eines Werkes sein.

Nicht, dass dies in jedem Fall so sein müsste. Aber die Abkehr vom Sinnlichen (oder vom Standardsinnlichen) stellt doch eine in der Moderne errungene neue Möglichkeit dar. Auch durch diese Distanzierung vom ehemals verbindlichen Sinnlichen ist die moderne Kunst, wie Hegel gesagt hatte, »ein freies Instrument geworden« (14, 235). Die Befreiung vom Sinnlichen gehört zu ihren Insignien. Und befähigt sie, just das zu tun, was Hegel nicht vorausgesehen hatte: den gegenwärtigen Ansprüchen des Geistes Genüge zu tun. Hegels großartige Diagnose bedarf dieser Ergänzung.

9. Eine Lanze für Rossini

Hegel war von Rossini begeistert. 1824 hielt er sich in Wien auf und besuchte Opernvorstellungen. Als er nach Berlin zurückkehrt, ist er noch immer »völlig berauscht« von Rossini. Hegel scheint ein anderer Mensch geworden zu sein: so »heiter und mitteilend«, berichtet sein Schüler Hotho, habe er ihn »bisher noch nicht gesehen«.[78]

Nun meinen manche, Hegels Rossini-Begeisterung diskreditiere ihn. Sie entlarve Hegels Musikgeschmack als banal. Denn Rossini sei zwar unterhaltsam, aber doch bloß oberflächlich, ein musikalischer Bruder Leichtfuß. Man vergleiche ihn nur einmal mit seinem Zeitgenossen Beethoven. Gegen diesen Titan ist Rossini bloß ein Spaßmacher. Aber während Hegel sich über Rossini ausführlich und enthusiastisch geäußert hat, findet sich keine einzige Zeile zu Beethoven. Das scheint noch einmal zu bestätigen, dass Hegel nicht als Kenner in Sachen Musik gelten kann. Gleichwohl hat er sich in seinen *Vorlesungen über die Ästhetik* lang und breit zur Musik geäußert. Da kann es wohl mit diesen musiktheoretischen Passagen nicht weit her sein …

Ich will im Folgenden dieses doppelte Vorurteil prüfen – und widerlegen. Vielleicht ist nicht alle Musik mit einem einzigen Maß zu messen. Und vielleicht ist Rossini in der einen und Beethoven in einer anderen Sparte groß. Möglicherweise ist deshalb auch Hegels Musikästhetik, obwohl sie nicht auf Beethoven eingeht, keineswegs verfehlt. Um es vorweg zu sagen: Ich halte sie für großartig. Sie scheint mir den Kern der Musik wunderbar zu treffen.

Der Ton – das A und O der Musik

Hegel beginnt mit einer Phänomenologie des Tons. Dieser bildet ihm zufolge das eigentliche »Element« der Musik (15, 145). Was geschieht, wenn Töne mittels Musikinstrumenten hervorgebracht werden? Das beruht immer darauf, dass ein Instrument in ein »schwingendes Zittern« gerät (15, 134) – sei es, dass bei der Violine die Saite ins Schwingen gebracht wird, bei einem Blasinstrument die Luftsäule erzittert oder bei der Pauke das Fell in eine schwingende Bewegung versetzt wird. In jedem Fall ist es nicht das ruhende, sondern das in Schwingung versetzte Instrument, das den Ton hervorbringt.

Dann löst sich der Ton aber vom Instrument, er wird frei und breitet sich als Luftschwingung aus. Hegel spricht von einer »gedoppelten Negation der Äußerlichkeit« (15, 135). Die erste Negation besteht darin, dass der körperliche Ruhezustand des Instruments aufgehoben wird; die zweite liegt darin, dass der vom Instrument freigewordene Ton nicht nur klingt, sondern auch verklingt und sich so selber aufhebt: Der Ton ist »eine Äußerlichkeit, welche sich in ihrem Entstehen durch ihr Dasein selbst wieder vernichtet und an sich selbst verschwindet« (15, 134). Der Ton ist generell im Vergleich zum Instrument ein Luftikus, er hat nicht eine feste Existenz wie die Instrumentenkörper, die im Orchester nebeneinander verteilt sind, sondern er entzieht sich dieser Logik des Außereinander, er ist flüchtig und vergleichsweise nicht materiell, sondern ideell. Hegel betrachtet den Ton generell als – und das ist für ihn entscheidend – ein Phänomen der Überwindung der Äußerlichkeit und des Übergangs zu Innerlichkeit. Die Logik der Äußerlichkeit verfügt, dass unterschiedliche Gegenstände sich unmöglich zugleich am selben Ort befinden, sondern nur nebeneinander existieren können – wie beispielsweise die Instrumente im Orchester. Für den Ton aber gilt diese Äußerlichkeit offenbar nicht. Wir können *am selben Ort* (etwa unserem Sitzplatz im Konzert) die von den verschiedenen Instrumenten erzeugten Töne gleichzeitig hören. Der Ton hat mit seiner Ablösung vom Instrument auch das Gebot des Außereinander hinter sich gelassen. Schließlich erfolgt sogar noch eine weitere Negation der Äußerlichkeit, sofern der Ton nach einiger Zeit verklingt, also seine Existenz in der äußeren Welt gänzlich aufhebt und fortan allein in der Innerlichkeit, in der musikalischen Erinnerung nachlebt.

Daher sieht Hegel den Ton als ein Phänomen an, dessen Weg insgesamt durch den Übergang von Äußerlichkeit zu Innerlichkeit gekennzeichnet ist. Die erste Etappe führt vom materiellen Instrument zum davon sich lösenden Ton, die zweite Wegstrecke ist durch die Übersteigung der Logik der Äußerlichkeit gekennzeichnet, und drittens lebt der Ton dann am Ende, nach seinem Verklingen, nur noch in der Erinnerung des Zuhörers fort, hat somit eine vollständig innerliche, eine geistige Existenzform angenommen. Insofern ist der Ton ein Phänomen, das den Übergang von Äußerlichkeit zu Innerlichkeit im ganzen Umfang vollzieht. Er startet von einer ganz und gar äußerlichen und äußerlich bleibenden Gegebenheit: dem Musikinstrument. Und geht dann bis ganz in die Innerlichkeit hinein: »Die Töne klingen nur in der tiefsten Seele nach, die in ihrer ideellen Subjektivität ergriffen und in Bewegung gebracht wird« (15, 136). Wegen dieses vom Ton vollzogenen Übergangs von *Äußerlichkeit zu Innerlichkeit ist der Ton Hegel zufolge das ideale Medium zur Artikulation* von Innerlichkeit.

Ton und Subjektivität

Damit sind wir bei Hegels zweitem großen Thema in Sachen Musik angelangt: der Subjektivität. Weil der Ton den Übergang von Äußerlichkeit zu Innerlichkeit vollzieht, ist die Musik in Hegels Augen die paradigmatische Kunstform der Innerlichkeit beziehungsweise der Subjektivität.

Inwiefern entspricht die Musik der Subjektivität? Zunächst ist eine Klarstellung bezüglich Hegels Rede von Subjektivität angezeigt. Hegel meint mit Subjektivität nicht, dass wir Menschen individuell verschieden sind und dass deshalb was dem einen gefällt bei einem anderen Missfallen erregen mag, dass unsere Einstellungen und Urteile also subjektiv in diesem individualistischen Sinne seien. Wenn Hegel von Subjektivität spricht, dann meint er vielmehr damit, dass wir Menschen wesentlich dadurch gekennzeichnet sind, dass wir ein Innenleben haben: ein geistiges wie emotionales, ein mentales wie psychisches Innenleben. Man könnte dafür auch im weitesten Sinn von Bewusstsein sprechen. Wir sind nicht bloß (aufgrund unserer Körperlichkeit) Vorkommnisse in der materiellen Welt (der Welt des Außereinander), sondern wir haben auch ein inneres, ein psychisches und geistiges Dasein, das von ganz anderer Art als das körperhaft-äußerliche Dasein ist. Von außen ist dieses Innenleben gar nicht sicher fassbar. Von außen lassen sich allenfalls Anzeichen der Innerlichkeit wahrnehmen, etwa wenn jemand nachdenklich oder fröhlich oder erbost scheint. Aber diese Signale könnten auch gespielt sein. Ganz sicher erschließt sich die Innerlichkeit allein von innen, aus sich selbst.

Dieses innere Dasein ist von großem Reichtum, aber auch von der allergrößten Beweglichkeit und Flüchtigkeit. Wir können von einem Moment zum nächsten sehr unterschiedliche Gedanken verfolgen, können Stimmungswechsel durchleben, wir können hocherregt oder apathisch, beglückt oder traurig sein. All dies und vieles mehr ist möglich. Die Subjektivität ist als solche, so Hegel, »durch keinen festen Gehalt bestimmt«, sondern beruht »in ungefesselter Freiheit nur auf sich selbst« (15, 214).

Nun besteht Hegel zufolge eine genaue Passung zwischen der Seinsweise der Musik und der Seinsweise der Subjektivität. Die Musik ist sozusagen das tönende Pendant zur Subjektivität. Weil ihre Grundlage, der Ton, konstitutiv den Übergang von Äußerlichkeit zu Innerlichkeit vollzieht, entspricht die Musik ihrer *Form* nach der Subjektivität in ihrer freien Beweglichkeit. Daher bildet »das an sich selbst Subjektive« den genuinen *Inhalt* der Musik (15, 136). Das besondere Potenzial der Musik liegt darin, die Subjektivität zum Ausdruck zu bringen.

Dies lässt sich durch einen Vergleich der Musik mit Malerei und Dichtung verdeutlichen. Anders als diese beiden ist die Musik frei von jeder Tendenz zur Verfestigung. Sie entspricht vielmehr der inneren Beweglichkeit der Subjektivität. Während die Malerei selbst dann, wenn sie gänzlich Subjektives auszudrücken versucht, unweigerlich zugleich einen bleibenden Gegenstand in der äußeren Welt erzeugt (das Gemälde), hebt die Musik ihre äußere Form (die klingende Tonfolge) durch deren »freies Verschweben« auf (ebd.). Und die Poesie erzeugt zwar nicht äußere Gegenstände (wie die Malerei), aber doch sozusagen innere Gegenstände, indem sie Vorstellungen von hochgradiger Bestimmtheit hervorbringt, in denen unsere geistige Bewegung gleichsam auskristallisiert ist. Im Vergleich dazu bleibt die Musik weitaus stärker im Unbestimmten. Sie verleiht den Bewegungen des Gemüts, die sie hervorruft, nie die Eindeutigkeit, die für Wort und Begriff charakteristisch ist.[79] Die Musik zielt also insgesamt weder auf ein bleibendes Objekt in der äußeren Welt noch auf einen eindeutig fixierten Gehalt in der inneren Welt. Sie ist eine Kunst der *Bewegung*, nicht der Fixierung – und entspricht darin der Subjektivität.

Eine Nebenbemerkung: Geläufig ist der Topos, dass Musik »die Sprache der Emotionen« *sei*. Falsch ist diese Aussage nicht, wir werden von Musik tatsächlich emotional stark bewegt. Aber dieser Topos stellt doch, von Hegel aus gesehen, eine Engführung dar. Denn Musik weckt *nicht nur Emotionen* in uns, sondern auch *Gedanken* oder *Erinnerungen*, sie moduliert unser *gesamtes Innenleben*. Sie ist umfangreicher als eine Sprache der Emotionen, nämlich eine Sprache der Subjektivität insgesamt.

So weit Hegels grundsätzliche Bestimmung der Musik. Von einer Phänomenologie des Tones ausgehend, versteht er die Musik als Kunst der Subjektivität. – Betrachten wir nun einige Konsequenzen daraus.

Musik und Inhalt

Hegel betont immer wieder, dass es in der Musik in allererster Linie um Ton und Klang geht. Das tragende Element der Musik, der Ton, hat nicht, wie in anderen Künsten (etwa in der Poesie das Wort) eine bloß dienende Funktion für den Inhalt, sondern die Musik macht »den Ton selbst für sich zu ihrem Elemente« und behandelt ihn als Selbstzweck (15, 145). Die musikalische Komposition konzentriert sich auf das »reine Tönen« (15, 141). Außermusikalische Vorgaben wie Text oder Inhalt müssen dahinter zurücktreten. Hegel ist (wie man leider allzu selten erkannt hat) der früheste Vertreter einer Theorie des »rein Musikalischen« (15: 145, 148, 214).

Freilich diagnostiziert Hegel diesbezüglich auch ein Problem. Würde die Musik von jeglichem Inhalt absehen, um sich in einem bloßen Spiel von Tönen zu ergehen, so könnte ihr am Ende das fehlen, was für jede Kunst unabdingbar ist, damit sie den Namen der Kunst verdiene: »der geistige Inhalt und Ausdruck« (15, 148 f.). Daher sagt Hegel: »Erst wenn sich in dem sinnlichen Element der Töne und ihrer mannigfaltigen Konfiguration Geistiges in angemessener Weise ausdrückt, erhebt sich auch die Musik zur wahren Kunst« (15, 149).

Wie aber ist das zu erreichen? Wie kann im sinnlichen Element der Töne Geistiges zum Ausdruck kommen? Etwa dadurch, dass die Musik sich den »geistigen Inhalt und Ausdruck« über einen Text besorgt, den sie vertont? Nein, so gerade nicht. Die Musik muss den geistigen Inhalt vielmehr, so Hegel, aus ihrem *eigenen* Medium und mit ihren *eigenen* Mitteln – also eben durch Ton und Komposition – generieren. Sie soll den Inhalt nicht so präsentieren, wie er in der Poesie schon gestaltet wurde oder im religiösen Glauben vorliegt, sondern so, wie er aus der Mitte der subjektiven Innerlichkeit (diesem eigentümlichen Reich der Musik) aufsteigt und lebendig wird. Die Innerlichkeit und ihr »Leben und Weben« in Tönen erklingen zu lassen, »ist das der Musik zugeteilte schwierige Geschäft« (15, 149).

Zu diesem Zweck ist es zwar nicht ausgeschlossen, einen Text als *Anregung* zu verwenden – aber eben nur als Anregung für die eigene musikalische Gestaltung und nicht als verbindliche Größe, der die Musik sich unterzuordnen hätte. In dieser Hinsicht lobt Hegel die italienischen Textvorlagen, etwa von Metastasio, die in ihrer Leichtigkeit der Musik freien Spielraum lassen, wohingegen er von Schillers Gedichten (die freilich auch nicht zum Zweck der Vertonung verfasst wurden) sagt, dass sie »sich zur musikalischen Komposition als sehr schwerfällig und unbrauchbar erweisen« (15, 147). Sie haben zu viel Bestimmtheit, zu viel Festlegung, zu viel Gedankenschwere in sich.

Die menschliche Stimme – »das Tönen der Seele selbst«

Eine besondere Stellung kommt für Hegel einem Instrument zu, das in der Reihe der Instrumente für gewöhnlich nicht aufgezählt wird: der menschlichen Stimme. Diese hat die intimste Beziehung zum hegelschen Fokus der Musik, zur Innerlichkeit. Denn der Gesang ist »das Tönen der Seele selbst« (15, 175). Im Gesang macht sich die menschliche Innerlichkeit direkt mit ihren eigensten Mitteln hörbar: »Bei den übrigen Instrumenten wird […] ein der Seele und ihrer Empfindung gleichgültiger und seiner Beschaffenheit nach fernabliegender Körper [etwa eine Violine oder eine Posaune] in Schwingung versetzt, im Gesang aber ist es ihr eigener Leib, aus welchem die Seele herausklingt« (ebd.).

Freilich muss Hegel in diesem Zusammenhang noch einmal die Frage des Verhältnisses von Musik und Text aufnehmen, denn die Gesangsstimme trägt ja im Allgemeinen nicht einfach ein Lalala von Gefühlsbekundungen vor, sondern einen bestimmten, mit Bedeutung aufgeladenen Text. Andererseits soll der Text aber gerade nicht im Vordergrund stehen. Bedeutet die einen Text vortragende Gesangsstimme dann nicht doch eine Gefahr für den Eigenwert der Musik? Muss Musik nicht gerade dort, wo das höchste Instrument, die menschliche Stimme, zum Einsatz kommt, zur bloßen Begleitmusik gegenüber dem von der Stimme vorgetragenen Text herabsinken? Nein, sagt Hegel. In Wahrheit begleitet nämlich nicht die Musik den Text, sondern der Text ist ein Begleitstück der Musik. Jedenfalls soll es so sein. Der Komponist soll auch dann, wenn er einen Text verwendet, den darin vorformulierten Inhalt *mit den eigenen Mitteln der Musik* zum Ausdruck bringen, er soll ihn sozusagen nicht vertonen, sondern *er*tonen – und er kann diesen Inhalt musikalisch hoffentlich überzeugender und bewegender nahebringen, als der Text selbst es vermochte.

Die Auszeichnung der menschlichen Gesangsstimme liegt also nicht etwa darin, dass sie durch Worte Gehalt oder Inhalt vermittelt (wie oft behauptet wird), sondern darin, dass durch die Stimme der eigentliche Gegenstand der Musik, die menschliche Seele, sich am unmittelbarsten bekundet.

Rossini »geht mit seinen freien Melodien über alle Berge«

Die bisher genannten Grundzüge von Hegels Musikästhetik erklären, warum Hegel Rossini so überaus geschätzt hat. Beginnen wir mit dem Verhältnis von Musik und Text. Ein Text, so haben wir gesehen, mag hilfreich sein, um die Musik mit »geistigem Inhalt und Ausdruck« zu versehen. Dabei muss die Musik aber absolut den Vorrang haben. Sie soll nicht den Text illustrieren, sondern dessen Gehalt mit ihren eigenen Mitteln erstehen lassen.

Zum zeitgenössischen Streit »für oder wider Rossini« sagt Hegel: »Die Gegner verschreien […] Rossinis Musik als einen leeren Ohrenkitzel; lebt man sich aber näher in ihre Melodien hinein, so ist diese Musik im Gegenteil höchst gefühlvoll, geistreich und eindringend für Gemüt und Herz, wenn sie sich auch nicht auf die Art der Charakteristik einläßt, wie sie besonders dem strengen deutschen musikalischen Verstande beliebt. Denn nur allzu häufig freilich wird Rossini dem Text ungetreu und geht mit seinen freien Melodien über alle Berge, so daß man dann nur die Wahl hat, ob man bei dem Gegenstande bleiben und über die nicht mehr damit zusammenstimmende Musik unzufrieden sein oder den Inhalt aufgeben und sich ungehindert an den freien Eingebungen des Komponisten ergötzen und die Seele, die sie enthalten, seelenvoll genießen will« (15, 210 f.). – Natürlich gilt Hegels Sympathie dem Letzteren.

Erstens also weist er den Vorwurf des »leeren Ohrenkitzels« zurück und attestiert Rossini, dass seine Musik sowohl »gefühlvoll« als auch »geistreich« ist – mithin wahrhaft eine Musik der Innerlichkeit darstellt.[80] Zweitens lobt Hegel Rossini dafür, dass dieser sich im Konfliktfall zwischen dem Melodischen und dem Charakteristischen stets auf die Seite des Melodischen schlägt. Und drittens folgt Hegel Rossini bereitwillig darin, im Zweifelsfall den Text hintanzustellen und mit »freien Melodien über alle Berge« zu gehen. Rossinis Verfahren entspricht Hegels Favorisierung der Melodie gegenüber dem Text.[81]

Der Gesang bei Rossini: »was ist das herrlich, unwiderstehlich«

Betrachten wir, nach diesem Primat des Melodischen, nun die Bedeutung von Stimme und Gesang bei Rossini. Wie bereits erläutert, ist Hegel der Auffassung, dass im Gesang der eigentliche Gegenstand der Musik, die menschliche Seele, am unmittelbarsten erklingt. Allein von daher ist schon klar, dass Hegels Präferenz nicht der reinen Instrumentalmusik gelten kann, sondern auf Lied und Oper zielt.

Hegel ist ein Gesangsenthusiast. Das ist er schon in Berlin, wo er Anna Milder, Angelica Catalani und Henriette Sontag bewundert. Und das wird er umso mehr in Wien, wo ihn die italienische Oper ganz und gar gefangen nimmt. Am 20.9.1824 kommt er um 19 Uhr an und besucht bereits um 19.30 Uhr die italienische Oper (*Doralice* von Mercadante). Tags darauf hört er Rossinis *Otello* und am dritten Abend Rossinis *Zelmira*, bald darauf den *Barbier von Sevilla*, dann darf es auch mal Mozart sein (*Le Nozze di Figaro*), dann wieder zweimal Rossini (*Corradino* und erneut der *Barbier von Sevilla*) – sieben Opern in neun Tagen, und es geht ähnlich weiter. Schon am zweiten Tag seines Aufenthalts schreibt Hegel an seine Frau: »Solange das Geld, die italienische Oper und die Heimreise zu bezahlen, reicht, – bleibe ich in Wien!«[82]

Was Hegel fasziniert, sind vor allem die Sängerinnen und Sänger. »Zwei Tenore, *Rubini* und *Donzelli*, welche Kehlen, welche Manier, Lieblichkeit, Volubilität, Stärke, Klang, das muß man hören!« (Briefe 54). Ebenso bewundert er die Fodor, die Dardanelli und andere. »Gegen das Metall dieser, besonders der Männerstimmen, hat der Klang aller Stimmen in Berlin [...] ein Unreines, Rohes, Raues oder Schwächliches, – wie Bier gegen durchsichtigen, goldnen, feurigen Wein« (Briefe 54, ähnlich 71).

Und nirgendwo kommen die Stimmen so sehr zur Entfaltung wie bei Rossini. Da kommt selbst Mozart nicht mit. Hegel hört *Le Nozze di Figaro* und ist enttäuscht, »daß die italienischen Kehlen in dieser gehaltnern Musik nicht so viele Gelegenheiten zu haben schienen, ihre brillanten Touren zu entwickeln« (Briefe 61). Zwei Tage später schreibt er, dass ihn Rossinis *Figaro* »unendlich mehr vergnügt« habe als Mozarts *Nozze* – und warum? Weil die Sänger sich dort viel besser entfalten konnten, weil sie »unendlich mehr con amore spielten und sangen; – was ist das herrlich, unwiderstehlich, so daß man nicht von Wien hinwegkommen kann« (Briefe 64 f.).

Ja, Rossini verstand sich auf den Gesang. Früh schon war er selbst ein sehr guter Sänger – weshalb ihm bereits im Alter von 14 Jahren die Ehre zuteilwurde, in die Accademia Filarmonica di

Bologna aufgenommen zu werden. Und Rossini hatte, anders als andere Komponisten, nicht ein Leben lang die Neigung, die Sänger an die Kandare zu nehmen, sondern er gab ihnen freien Raum zur eigenen Entfaltung.

»Rossinische Musik hat nur Sinn als gesungen«

Damit kommen wir zum eigentlichen Kern von Hegels Hochschätzung Rossinis. Als er in Wien Abend für Abend Opern Rossinis hört, begreift Hegel, dass Rossinis Musik ganz auf den Gesang zielt: »Es ist nicht die Musik als solche, sondern der Gesang für sich, für den alles gemacht ist« (Briefe 64). Darauf folgt dann der berühmte Satz: »Rossinische Musik hat nur Sinn als gesungen« (Briefe 64).

Für Hegel ist, seit er das Verständnis der Musik von der Analyse des Tons ausgehend auf die Bahn der Innerlichkeit gebracht hat, klar, dass die Gesangsstimme als die unmittelbarste Artikulation der Innerlichkeit den Höhepunkt der Musik darstellt. Ebendas findet er bei Rossini am vollkommensten entwickelt. Rossini ist als Komponist kongenial zu Hegels Musikästhetik.

Bezeichnend für Hegels Einschätzung Rossinis ist ebenfalls, dass er durchaus sagen kann, dass Rossinis Musik ihm zuweilen *als Musik* »Langeweile macht« (Briefe 60). Mit »Musik« ist dabei der Anteil des Orchesters gemeint. Der Gesang hingegen stellt eine höhere Dimension dar, und Hegel erkennt schon bei seinem zweiten Besuch einer Rossini-Oper in Wien, dass Rossinis Kunst darauf gerichtet ist, dem Gesang große Freiheit zu geben. Er schreibt in Bezug auf *Zelmira*, dass diese ihn im ersten Teil »sehr ennuyiert« habe (Briefe 56) (worin jeder Kenner Hegel zustimmen wird). Aber er fügt eben auch hinzu, wie wundervoll doch »die Sänger und Sängerinnen« waren (ebd.).

Der Gesang soll produktiv sein, er soll die Komposition ergänzen und vollenden

Die Sängerinnen und Sänger leisten bei Rossini mehr als nur die Musik zu Gehör zu bringen, sie ergänzen die Musik auf ihre Weise und vollenden sie dadurch.

Hegel sieht bei Aufführungen generell die Möglichkeit, dass »sich die Genialität [der Aufführenden] nicht auf eine bloße Exekution des Gegebenen« beschränkt, sondern »daß der *Künstler* selbst im Vortrage komponiert, Fehlendes ergänzt, Flacheres vertieft, das Seelenlosere beseelt und in dieser Weise schlechthin selbständig und produzierend erscheint« (15, 220). Hegel fährt fort: »So ist z. B. in der italienischen Oper dem

Sänger immer vieles überlassen worden; besonders in Ausschmückungen hat er einen freieren Spielraum; und insofern die Deklamation sich hier mehr von dem strengen Anschließen an den besonderen Inhalt der Worte entfernt, wird auch dieses unabhängigere Exekutieren ein freier melodischer Strom der Seele, die sich für sich selber zu erklingen und auf ihren eigenen Schwingen zu erheben freut« (ebd.).

Darauf folgt das Beispiel Rossini: »Wenn man daher sagt, Rossini [...] habe es den Sängern leicht gemacht, so ist dies nur zum Teil richtig. Er macht es ihnen ebenso schwer, da er sie vielfach an die Tätigkeit ihres selbständigen musikalischen Genius verweist. Ist dieser nun aber wirklich genialischer Art, so erhält das daraus entstehende Kunstwerk einen ganz eigentümlichen Reiz. Man hat nämlich nicht nur ein *Kunstwerk*, sondern das wirkliche künstlerische *Produzieren* selber gegenwärtig vor sich« (ebd.).

Eine großartige Bemerkung! Die aufführenden Künste haben generell den Vorteil, dass man nicht ein zuvor schon fertiges Werk vorgesetzt bekommt (etwa in der Art, wie Bilder fertig an den Museumswänden hängen), sondern dass das Werk durch die Aufführung erst hervorgebracht wird. Aufführende Künste stehen, philosophisch gesprochen, aufseiten der Prozessontologie, nicht der Substanzontologie. Bei Rossini aber, das bemerkt Hegel sehr genau, kommt noch etwas Weiteres hinzu: Die Partitur ist schon so *angelegt*, dass sie durch Erfindungen zu ergänzen ist, die nicht schon in ihr stehen. Daher wohnt man bei einer Rossini-Oper nicht nur einem Aufführungsprozess, sondern darüber hinaus originären Momenten »künstlerischen Produzierens« bei (ebd.).[83]

Warum Rossini-Hausse und Beethoven-Baisse?

Hegels Bewunderung für Rossini ist also kein Ausrutscher, sondern eine schlüssige Konsequenz seines musikästhetischen Ansatzes. Freilich harrt eine andere Frage noch der Beantwortung: Warum hat Hegel sich mit keinem einzigen Wort zu Beethoven geäußert?

Rossini obsiegt in der Kategorie »das Höchste in der Musik ist die menschliche Stimme«. Aber es gibt bei Hegel noch eine andere Höchstwertung, und die gilt der Instrumentalmusik, der reinen Instrumentalmusik. Und in dieser Sparte hätte natürlich Beethoven alle Rechte, den Ehrenpreis zu erhalten. Warum wird er dann nicht erwähnt?

Die reine Instrumentalmusik als Musik katexochen

Es gibt Passagen, in denen Hegel – sosehr dies nach dem Lobpreis der Stimme überraschen mag – die reine Instrumentalmusik zur Musik katexochen erklärt.[84] In dem Abschnitt *Die selbständige Musik* sagt er: »Das Prinzip der Musik macht die subjektive Innerlichkeit aus. Das Innerste aber des konkreten Selbsts ist die Subjektivität als solche, durch keinen festen Gehalt bestimmt und deshalb nicht genötigt, sich hierhin oder dorthin zu bewegen, sondern in ungefesselter Freiheit nur auf sich selbst beruhend. Soll diese Subjektivität nun gleichfalls in der Musik zu ihrem vollen Recht kommen, so muß sie sich von einem gegebenen Text losmachen und sich ihren Inhalt, den Gang und die Art des Ausdrucks, die Einheit und Entfaltung ihres Werkes, die Durchführung eines Hauptgedankens und episodische Einschaltung und Verzweigung anderer usf. rein aus sich selbst entnehmen und sich dabei […] auf die rein musikalischen Mittel einschränken. […] Will die Musik […] rein musikalisch sein, so muß sie […] sich […] von der Bestimmtheit des Wortes durchgängig lossagen« (15, 214). Weiter heißt es: »Die eigentliche Sphäre dieser Unabhängigkeit kann nicht die begleitende Vokalmusik sein, die an einen Text gebunden bleibt, sondern die *Instrumentalmusik*

(15, 215). Mit ihr fängt »die Herrschaft der sich auf ihren eigensten Kreis beschränkenden Musik« an (15, 216). »Text und Menschenstimmen« kommen hier nicht mehr vor (ebd.).

Die Befreiung vom Text als gemeinsame Tendenz von Vokal- und Instrumentalmusik

Die Tatsache, dass die reine Instrumentalmusik sich von Text, Wort und Stimme völlig gelöst hat, ist für Hegel keineswegs ein Manko, sondern gehört zur Eigenlogik der Musik. Sogar die Oper ist Hegel zufolge in gewissem Sinne auf dem Weg dorthin. So notiert er, dass die Befreiung vom Wort und der Übergang zur »selbständigen Musik« schon innerhalb der »begleitenden Musik« (also beispielsweise der Opernmusik) beginnt (15, 215). Denn zum einen kann die Musik dort »in seliger Ruhe über der *besonderen* Bestimmtheit der Worte« schweben oder »sich überhaupt von der Bedeutung der ausgesprochenen Vorstellungen losreißen« (man erinnere sich, wie Rossini Hegel zufolge »mit seinen freien Melodien über alle Berge« geht); zum anderen schenken die Zuhörer, so Hegel, den »rezitativischen Hin- und Widerreden« (also den Textpassagen) wenig Aufmerksamkeit und halten sich lieber »an das eigentlich Musikalische und Melodische« (ebd.). Dies sei

»hauptsächlich […] bei den Italienern der Fall, deren meiste neuere Opern […] von Hause aus den Zuschnitt haben, daß man, statt das musikalische Geschwätz oder die anderweitigen Trivialitäten mit anzuhören, lieber selber spricht oder sich sonst vergnügt und nur bei den eigentlichen Musikstücken, welche dann rein musikalisch genossen werden, wieder mit voller Lust aufmerkt. Hier sind also Komponist und Publikum auf dem Sprunge, sich vom Inhalte der Worte ganz loszulösen und die Musik für sich als selbständige Kunst zu behandeln und zu genießen.« (ebd.)

Die Lösung vom Text gehört Hegel zufolge also zur genuinen Dynamik der Musik. Sie erfolgt bereits dort, wo Texte zwar noch vorkommen (wie in der Oper), wo man am Ende aber nur noch auf »den allgemeinen Ton der Empfindung« hört (221). Und sie kennzeichnet dann natürlich insbesondere die Instrumentalmusik, wo Text und Menschenstimmen *überhaupt* nicht mehr vorkommen.

Mit anderen Worten: Der Gegensatz von Vokalmusik und Instrumentalmusik ist nur vordergründig plausibel. Im Grunde geht es in beiden Arten von Musik um das »rein Musikalische«, das sich von jeglichem Text unabhängig zu machen strebt. Sowohl die Singstimme als auch der Klang der Instrumente zielen auf das Musikalische als solches.

Was ist mit dieser zusätzlichen Einsicht erreicht? Gewiss eine Annäherung zwischen Vokalmusik und Instrumentalmusik. Aber warum wird dann nur Rossini gelobt und über Beethoven gänzlich geschwiegen? Warum wird das »rein Musikalische«, das bei Rossini (da dieser auch noch mit Text arbeitet) nicht völlig rein vorliegt, bei diesem gepriesen, bei Beethoven jedoch, bei dem es in der reinsten Form erscheint, gar nicht erwähnt?

Das Beethoven-Rätsel

Ich muss gestehen: Ich weiß es so wenig wie irgendein anderer. Es erscheint auch mir, wie vielen anderen, als ein bleibendes Rätsel. Von verschiedenen Seiten ist zu Recht darauf hingewiesen worden, dass zwischen Hegel und Beethoven etliche Analogien bestehen. Sie gehen über Äußerlichkeiten (gleiches Geburtsjahr 1770) und Halbäußerlichkeiten (gemeinsame anfängliche Begeisterung für die Französische Revolution, dann Abrücken angesichts der Terrorherrschaft) weit hinaus. Sie reichen vielmehr bis in den Kern der hegelschen Philosophie und der beethovenschen Musik hinein. So hat Adorno lapidar erklärt: »Beethovens Musik ist die Hegelsche Philosophie.«[85] Siegfried Mauser stellte heraus, dass zwischen Beethovens Musik und Hegels Philosophie in der Grundstruktur frappierende Analogien bestehen.[86] Und Alain Patrick Olivier hat dies erneut unterstrichen: Zwischen Hegels *Logik* und Beethovens Musik existiere eine »tiefe Verwandtschaft«, die Dialektik *à la Hegel* bilde geradezu den Kern der von Beethoven entwickelten Sonatenform.[87] Aber das Rätsel, warum sich bei Hegel nichts über Beethoven findet, bleibt offen – eine Konsequenz von Hegels musikästhetischen Einsichten kann es jedenfalls nicht sein.

10. Das nichtegologische Selbstbewusstsein

Selbstbewusstsein ist ein großes Thema der modernen Philosophie. Es kam kurz vor 1800 durch Kant auf und erreichte seinen ersten Gipfel bei Fichte. Dem folgte ein Gegengipfel bei Hegel. Später, bis ins 20. Jahrhundert hinein, traten andere Konzeptionen von Selbstbewusstsein auf den Plan: von Husserl, Henrich und Tugendhat sowie seitens der analytischen Philosophie.

Hegels Position ist sehr eigenartig. Hegel zufolge ist Selbstbewusstsein nicht ein Phänomen des Ich. Eher ist umgekehrt das Ich ein Moment von Selbstbewusstsein. Hegels Konzeption des Selbstbewusstseins ist nicht, wie die meisten anderen Theorien, egologisch verfasst. Sie ist im Gegenteil grundlegend sozial angesetzt. Selbstbewusstsein ist für Hegel kein Individualphänomen, sondern ein Beziehungsphänomen, ein Sozialphänomen. Diese Auffassung Hegels blieb, so ungewöhnlich sie auch ist, bis heute attraktiv – in der Philosophie, der Psychologie, der Soziologie und darüber hinaus.

Fichte: solipsistische Konzeption des Ich

Fichte zufolge sollte das Ich ein Phänomen sui generis sein. Es sei nicht aus anderem zu erklären oder abzuleiten, und zwar schlicht deshalb, weil das Ich seine eigene Hervorbringung, seine eigene Tat sei (»Tathandlung«). Das Ich entsteht durch Selbstsetzung: »*Das Ich setzt ursprünglich schlechthin sein eignes Sein.*«[88]

Als das ursprünglich Produzierende setzt das Ich aber nicht nur sich selbst, sondern auch alles andere. Die vermeintlich ich-unabhängigen Bestände der Außenwelt sind in Wahrheit allesamt Setzungen des Ich. Es gibt, strenggenommen, nichts anderes als das Ich – alles andere, alles Nicht-Ich, ist ebenfalls ein Produkt des Ich. Das gewöhnliche Bewusstsein glaubt an die vom Ich unabhängige Existenz realer äußerer Gegenstände. Aber darin täuscht es sich. »Das Bewusstsein *des Gegenstandes* ist nur ein nicht dafür erkanntes *Bewusstsein meiner Erzeugung einer Vorstellung vom Gegenstande.*«[89]

Diese fichtesche Konzeption des Ich ist extrem egologisch beziehungsweise solipsistisch. Ich bin ich, und alles andere ist Nicht-Ich, aber es ist von mir, dem Ich, gesetzt oder hervorgebracht. Diese Konzeption lässt weder für die gegenständliche Welt, also für die uns umgebenden Dinge, noch für die soziale Welt, für die anderen Menschen, einen offenen Spielraum.

Hegel: Selbstbewusstsein ist nicht ein solipsistisches, sondern ein soziales Phänomen

Im Unterschied zum fichteschen Ipsismus entwickelt Hegel eine andere Konzeption. Hegel zufolge gibt es Selbstbewusstsein und Ich gerade nicht allein aus ihnen selbst, sondern nur infolge sozialer Interaktion und weltbezogener Tätigkeit.

Das Kapitel, in dem Hegel dies darlegt, ist berühmt. Es findet sich in der *Phänomenologie des Geistes* von 1807 und trägt den Titel »Selbständigkeit und Unselbständigkeit des Selbstbewußtseins – Herrschaft und Knechtschaft«. Es gehört zu den meistrezipierten Passagen aus Hegels Feder und wird durchaus kontrovers diskutiert. Dabei ist Hegels Gedanke eigentlich ganz einfach und höchst verständlich.

Hegel zufolge ist für Selbstbewusstsein zweierlei ausschlaggebend. Zunächst einmal, wie Fichte betont hatte, das reine Fürsichsein, das Bezogensein auf sich selbst. Aber man darf nicht übersehen (das jedoch tut Fichte), dass das Selbstbewusstsein stets konkret situiert ist. Es handelt sich um das Selbstbewusstsein eines Individuums, und dieses besteht nicht nur aus Gedanken und Selbstgewissheiten, sondern es hat auch einen Körper, es lebt zu einer bestimmten Zeit und in einer bestimmten Kultur, es existiert hier und jetzt. Zum Selbstbewusstsein gehört nicht nur die reine Selbstbeziehung, sondern ebenso der Umstand, dass es ein konkretes Lebewesen mit Händen, Füßen, Begierden und Sehnsüchten ist, das ein solches Bewusstsein seiner selbst hat.

Diese beiden Aspekte decken sich offenbar nicht, sondern stehen in Spannung zueinander. Das reine Selbstbewusstsein wähnt sich von allen konkreten Bestimmungen frei. Es meint: Ich könnte doch mit demselben geistigen und psychischen Innenleben auch zu einer anderen Zeit existieren, einen anderen Körper haben, vielleicht gar fern der Erde meinen Gedanken nachhängen. Zugleich aber weiß jedermann, der über Selbstbewusstsein verfügt, dass seine Realität anders beschaffen ist als solcherart vermeint, dass er vielmehr diesen und keinen anderen Körper hat, dass er in dieser Umgebung lebt und sich in einer bestimmten Zeit und Kultur befindet. Einerseits gehört zum Selbstbewusstsein also ein Element absoluter Freiheit, andererseits aber auch eines der Gebundenheit. Das eine nennt Hegel die »Selbständigkeit«, das andere die »Unselbständigkeit« des Selbstbewusstseins. Und er behauptet, dass *beide* Momente für das Selbstbewusstsein wesentlich sind – nicht nur, wie Fichte geglaubt hatte, das reine Fürsichsein, sondern ebenso die konkrete, materielle, leibliche, weltliche Seite des Ich.

»Herr« und »Knecht« sind bei Hegel die Figuren für diese beiden Aspekte des Selbstbewusstseins. Der Herr steht für die Seite des Fürsichseins, der Knecht für die Seite der Konkretion. Jeweils zum Herrn oder zum Knecht werden die Selbstbewusstseins-Kandidaten in einem »Kampf auf Leben und Tod« (3, 149). Da erweist sich, wer das reine Selbstbewusstsein verkörpert und daher bereit ist, sein Leben dranzugeben, weil ihm nicht sein »Versenktsein in die Ausbreitung des Lebens« wesentlich ist, sondern es ihm allein auf das »reine *Fürsichsein*« ankommt) – dadurch wird der eine zum Herrn, der fortan die Selbständigkeit des Selbstbewusstseins verkörpert. Der andere hingegen hat »das Leben nicht gewagt« (ebd.) und wird so zum Knecht und verkörpert fortan die Seite der Unselbständigkeit des Selbstbewusstseins.

Hegels These ist nun die, dass diese beiden Momente absolut aufeinander angewiesen sind, dass erst durch ihr *Zusammensein* die volle Gestalt des Selbstbewusstseins entsteht (»beide Momente sind wesentlich«, 150). Einerseits nämlich braucht der Herr den Knecht, weil nur dieser die Seite der Konkretion und der Auseinandersetzung mit der gegenständlichen Welt repräsentiert, während der Herr sich davor fein zurückhält. Deshalb wird nur durch das Tun des Knechts und das Bezogensein des Herrn auf diesen die Seite der Konkretion, der Wirklichkeit, des Lebens für den Herrn real, und dies näherhin, indem der Herr die Früchte der Arbeit des Knechts genießt. Der Herr »bezieht sich mittelbar durch den Knecht auf das Ding« und »schließt sich dadurch [...] mit der Unselbständigkeit des Dinges zusammen, und genießt es rein« (3, 151). Andererseits braucht auch der Knecht den Herrn. Denn nur an diesem hat er »das selbständige für sich seiende Bewußtsein« – »dies Moment des reinen Fürsichseins« ist für den Knecht nur »im Herrn sein Gegenstand« (3, 153).

Trotz dieser wechselseitigen Angewiesenheit aufeinander ist die Beziehung jedoch nicht gleichgewichtig, sondern der Knecht hat einen gewissen Vorteil. Denn nur er, der für die Konkretion und die Bearbeitung der wirklichen Welt steht, gewinnt durch seine Tätigkeit etwas, was dem Herrn als solchem fehlt. Der Knecht formt nämlich durch seine Arbeit die gegenständliche Welt, so dass diese ihm fortan nicht mehr fremd gegenübersteht, sondern sein eigenes Tätigsein reflektiert. Dies ist Hegels Konzeption zufolge entscheidend. Das Andere als eine Form seiner selbst zu erkennen – zum Beisichsein-im-Anderssein zu gelangen – ist die Eintrittskarte zu allen Formen des Selbstbewusstseins. Diese löst der Knecht, nicht hingegen der Herr. Wenn der Knecht die Ernte einfährt, dann erntet er nicht irgendwelche Früchte, sondern die Früchte *seiner Arbeit*, also etwas, worin er zu Recht nicht einfach ein Anderes, sondern zugleich sich selbst erkennt. Eine eingebrachte Ernte ist nicht einfach eine Gabe der Natur, sondern das Werk derer, welche den Boden kultiviert, die Aussaat betrieben, das Wachstum überwacht und befördert und schließlich die Früchte geerntet haben. So erfährt der Knecht in der Ernte, dass die gegenständliche Welt ihm nicht fremd, sondern Produkt seiner Arbeit und Formung ist: »Das arbeitende Bewußtsein kommt hierdurch zur Anschauung des selbständigen Seins *als seiner selbst*« (3, 154).

Erst wenn man erkennt, dass die gegenständliche Welt nicht etwas gänzlich Fremdes, sondern ein Produkt der eigenen Tätigkeit ist, erst dann ist Selbstbewusstsein im vollen Sinne vorhanden, d. h. das Bewusstsein, dass »Ich« die Form nicht nur des Ich, sondern ebenso der gegenständlichen Welt ist. So gesehen, hat der Knecht die »vollendetere« Form des Selbstbewusstseins als der Herr, weil er die direkte Erfahrung macht, dass die gegenständliche Welt nicht eine fremde, sondern seine eigene Welt ist.

Deshalb braucht nicht nur der Knecht den Herrn, sondern ebenso dieser den Knecht. Er ist auf diesen angewiesen für die Erfahrung, dass die gegenständliche Welt nichts schlechthin Fremdes, sondern eine Form der Selbstheit ist. Freilich hebt das nicht auf, dass auch der Knecht den Herrn braucht, weil nur am Herrn für den Knecht die andere Seite des Selbstbewusstseins, nämlich das reine Fürsichsein, gegenwärtig wird. Insofern repräsentieren nur Herr und Knecht *zusammen* die volle, die sowohl Fürsichsein als auch Konkretion umfassende Form des Selbstbewußtseins. »Die Bewegung ist also schlechthin die gedoppelte beider Selbstbewußtseine. [...] das einseitige Tun wäre unnütz, weil, was geschehen soll, nur durch beide zustande kommen kann« (3, 146 f.).

Für das volle Selbstbewusstsein sind mithin unterschiedliche Ich-Positionen, unterschiedliche Individuen, unterschiedliche soziale Akteure nötig – nicht nur, weil ein Herr als Herr nicht ein Knecht und ein Knecht als Knecht nicht ein Herr sein kann, sondern weil die Beziehung zweier höchst unterschiedlicher Momente, nämlich einerseits der Selbständigkeit und andererseits der Unselbständigkeit für die volle Form des Selbstbewusstseins erforderlich ist. Selbstbewusstsein ist somit konstitutiv ein Beziehungsphänomen, ist von einem einzelnen Individuum gar nicht zu erfüllen, sondern ist nur als soziales Phänomen real. Es wäre ein Missverständnis (wenngleich ein sehr gängiges), Selbstbewusstsein für eine Eigenschaft von Individuen zu halten. Wenn selbstbewusste Wesen interagieren, so bedeutet dies für Hegel immer, dass sie als Momente einer *insgesamt* als Selbstbewusstsein zu beschreibenden Struktur auftreten. Die Individuen sind Teilnehmer bzw. Ko-Akteure an einem Selbstbewusstsein, das seiner Natur nach überindividuell ist. Selbstbewusstsein ist eine Eigenschaft von Beziehungen oder Gruppen oder Gesellschaften – nicht einfach von Individuen. Selbstbewusstsein gibt es nur sozial.

Für Hegel ist Selbstbewusstsein mithin – im Unterschied zu Fichte, aber nicht nur zu diesem, sondern zu dem, was die meisten Philosophen glauben und was der Mensch auf der Straße ebenfalls, aber fälschlicherweise für selbstverständlich hält – primär eine Eigenschaft nicht von Individuen, sondern ein Ergebnis sozialer Beziehungen und Konstellationen, von gesellschaftlicher und kultureller Interaktion. Die Individuen sind Teilnehmer, Exponenten und Akteure eines sozial verfassten Selbstbewusstseins.

Eine zukunftsweisende Diagnose

Diese Auffassung Hegels ist keine Marotte, sondern hat inzwischen in der Forschung vielfache Bestätigung gefunden. So hat in der Sozialpsychologie George Herbert Mead ganz ähnlich die Bedeutung der sozialen Interaktion für die Identitätsbildung hervorgehoben, und Erik H. Erikson hat in seinem Stufenmodell der psychosozialen

Entwicklung ebenfalls auf die Bedeutung sozialer Kontakte für die Ichbildung hingewiesen. Der Ausdruck »ich« mag auf den ersten Blick die Vorstellung eines autarken *solus ipse* suggerieren. Aber das ist irreführend. »Ich« ist stets das Produkt eines sozialen Aushandelns. – Hegels Konzeption des Selbstbewusstseins ist ungewohnt, aber zutreffend.

Schließlich erweist auch die ganze Art, wie Kinder zunehmend in eine kulturelle Welt hineinwachsen, den sozialen Charakter dessen, was man üblicher-, aber fälschlicherweise als einfachhin individuell ansieht. Hegel hat unter dem Begriff des objektiven Geistes die gesellschaftlichen Institutionen thematisiert, die für jeden von uns relevant sind: das Bildungssystem, das Rechtssystem, Moralität, Sittlichkeit und Staat. Die Formung unseres Selbst verdankt sich zu wesentlichen Teilen dem Bekanntwerden mit diesen Systemen und der Prägung durch sie. Die Formen des objektiven Geistes prägen unser Denken, unser Verhalten, unsere Sozialbeziehungen und unser Selbstverständnis zutiefst. Das weist noch einmal darauf hin, wie sehr unser Selbstbewusstsein gesellschaftlich vermittelt ist.

Neurowissenschaftliche Erkenntnisse bestätigen diese Auffassung heute elementar. Die in der frühen Kindheit eintretenden dramatischen Veränderungen der Verschaltungsarchitektur unserer Gehirne erfolgen unter dem Einfluss der sozialen

Umwelt. Soziale Vorgaben (Verhaltensformen, Rituale, Usancen) gehen in die Neuformung der Verschaltungsarchitektur ein. Insofern wohnt die soziale Welt uns bis in die Funktionalität unserer Gehirne hinein inne. Unsere Gehirne sind mit der sozialen Umwelt gekoppelt. Unser Gehirn ist nicht einfach unser individuelles Gehirn, sondern eine neuronale Schaltstelle in einem sozialen Netzwerk.

Hegels Theorie der Konstitution des Selbstbewusstseins gilt also nicht erst auf der Ebene der Auseinandersetzung von Erwachsenen (im »Kampf auf Leben und Tod«), sondern schon hinsichtlich der sozialen Formung der Kinder und Heranwachsenden. Hegel hat auch hier einen glänzenden Fund gemacht.

11. »Was vernünftig ist, das ist wirklich; und was wirklich ist, das ist vernünftig«

Betrachten wir schließlich eine der bekanntesten, umstrittensten und unverstandensten Aussagen Hegels. In der Vorrede zu den 1820 erschienenen *Grundlinien der Philosophie des Rechts* schreibt er: »Was vernünftig ist, das ist wirklich; und was wirklich ist, das ist vernünftig« (7, 24).

Von diesem Doppelsatz meint Hegel, er sei geradezu selbstverständlich. Jedes »unbefangene Bewußtsein« teile diese Auffassung, und auch »die Philosophie« gehe in ihrer Betrachtung des geistigen wie des natürlichen Universums von dieser Überzeugung aus (7, 25). Wer ist es dann, der diese Überzeugung nicht teilt? Das müssen Leute sein, die sich zwischen dem unbefangenen Bewusstsein und der wahren Philosophie bewegen. Und in der Tat: Von dieser Sorte sieht Hegel viele, allzu viele um sich. Ihrer Kritik ist der größte Teil dieser Vorrede gewidmet.

Die Misere der zeitgenössischen Philosophie

Hegel konstatiert einen »schmählichen Verfall« der Philosophie (7, 12). Neuerdings habe die Zufälligkeit und Willkür von Meinungen und Gefühlen die Herrschaft angetreten. Der tiefere Grund dafür liegt in dem Glauben, »daß das Wahre selbst nicht erkannt werden könne« (7, 18), weshalb jeder Anspruch auf »die Erkenntnis der Wahrheit [...] für eine törichte, ja sündhafte Anmaßung« erklärt wird (7, 22). Stattdessen setzt man auf »Herz, Gemüt und Begeisterung« als die wahren Quellen der Einsicht (7, 18). Man philosophiert »aus dem Herzen, der Phantasie, der zufälligen Anschauung« (7, 12). Und das bisschen Reflexion, das hinzukommt, verbleibt in den altgewohnten Bahnen des »Räsonnements« (7, 12), so dass immer wieder »derselbe alte Kohl« aufgekocht wird (7, 13). Die Wahrheits- und Objektivitätsansprüche sind aufgegeben, man ist im Sumpf des Subjektivismus, in Gefühl, bloßer Meinung, Zufälligkeit und Willkür versackt. Die Philosophie hat sich einer »Seichtigkeit« übergeben, welche »die Wissenschaft, statt auf die Entwicklung des Gedankens und Begriffs, vielmehr auf die unmittelbare Wahrnehmung und die zufällige Einbildung« gründen möchte (7, 18). Die »unabwendbaren Ansprüche des Begriffes« (7, 23) sind diesen Pseudophilosophen allzu »unbequem« (7, 22). Deshalb richtet sich ihr Hauptangriff gegen die Vernunft. Diese wird »in unendlicher Wiederholung [...] angeklagt, herabgesetzt und verdammt« (ebd.). Das »einfache Hausmittel« des »Gefühls« soll »die Mühe der von dem denkenden Begriffe geleiteten Vernunfteinsicht und Erkenntnis« ersparen« (7, 19). – Diese Herabsetzung der Vernunft ist das eine, wogegen Hegels Doppelsatz sich wendet.

Und was ist – zum anderen – der Effekt der neuen Seichtigkeit hinsichtlich des Sittlichkeits- und Staatsverständnisses? Man will nun auch die sittliche Welt »der subjektiven Zufälligkeit des Meinens und der Willkür übergeben« (ebd.), das Recht soll »auf die subjektiven Zwecke und Meinungen, auf das subjektive Gefühl und die partikuläre Überzeugung« gegründet werden (7, 21 f.). Man stellt aparte Theorien auf, deren Auszeichnung darin besteht, dass sie »vom Allgemein-Anerkannten und Gültigen abweichen«, »etwas Besonderes« darstellen (7, 15). Das betrifft insbesondere das Denken über den Staat. Die neuere »Vorstellung, als ob die Freiheit des Denkens und des Geistes überhaupt sich nur durch Abweichung, ja durch Feindschaft gegen das öffentlich Anerkannte beweisen« könne, hat politische Theorien ins Kraut schießen lassen, die alles »ganz von vorne« anfangen wollen (7, 15) – nach ihrer Manier. Man sucht nicht zu begreifen, was die innere Dynamik und der Sinn der Staatlichkeit ist, wie sie sich geschichtlich entwickelt hat, sondern man will (gleichermaßen utopisch wie subjektivistisch) »einen Staat, wie er sein soll, konstruieren« (7, 26). Man erhebt sich über die Zeit und die Wirklichkeit und »baut sich eine Welt, wie sie sein soll« – ohne zu beachten, dass diese Welt doch nur im eigenen »Meinen« existiert: »einem weichen Elemente, dem sich alles Beliebige einbilden läßt« (ebd.). Dieses Überspringen des Gegenwärtigen und Wirklichen ist – neben der Vernunftverachtung – der zweite Fehler, gegen den Hegels Doppelsatz sich richtet.

Vernunft und Wirklichkeit sind also die beiden Momente, denen die neueren Theorien nicht gerecht werden. Hegel hingegen hält diese beiden Momente für entscheidend. Und er meint, dass deren Verhältnis das einer wechselseitigen Implikation ist.– Wie ist dies näher zu verstehen?

Hegel ist gegen das Philosophieren aus dem hohlen Bauch, dem leeren Kopf oder auch der Fülle des Gemüts. Er ist überzeugt, dass das Wahre nicht in einem Jenseits angesiedelt ist, sondern dass es sich im Verlauf der Geschichte ganz real entwickelt und verwirklicht. Man muss es also nicht freischwebend *erfinden*, man muss es nur *erkennen*. Das ist der Hauptunterschied zwischen Hegels Sicht und der Flut der neueren selbstgestrickten Theorien. Deren grundlegendes »Missverständnis« betrifft die »Stellung der Philosophie zur Wirklichkeit« (7, 24). Die Philosophie, sagt Hegel, ist »das Erfassen des Gegenwärtigen und Wirklichen, nicht das Aufstellen eines Jenseitigen« (ebd.). Jene Theorien aber kümmern sich nicht um die Gegenwart und die Wirklichkeit, sondern entwerfen lieber Wolkenkuckucksheime. Sich nicht auf die Gegenwart einzulassen, ist das erste Manko jener Theorien, ihr zweites folgt daraus: ihre Unfähigkeit, die Vernünftigkeit der gegenwärtigen Wirklichkeit zu erkennen.

Eine Apologie des preußischen Staates?

Aber gegen diese Kritik Hegels erhob sich bald ein seitdem kaum abgeebbter Sturm der Entrüstung. Wenn man, wie Hegel, die gegenwärtige Wirklichkeit für vernünftig erklärt, ist man dann nicht schlicht ein Affirmateur des Bestehenden, ein Positivist? Wenn Hegel sagt, dass im Grunde alle Menschen »in dieser Wirklichkeit des Staates leben und ihr Wissen und Wollen darin befriedigt finden« (7, 16), ist er dann nicht ein simpler Apologet des preußischen Staates? Betreibt er nicht eine reaktionäre Anbiederung an diesen? Ist seine Rechtsphilosophie – insbesondere im Licht des Doppelsatzes – nicht geradezu als »eine Heiligsprechung alles Bestehenden, die philosophische Einsegnung des Despotismus, des Polizeistaats, der Kabinettsjustiz, der Zensur« anzusehen? So hat Friedrich Engels die Vorwürfe zusammengefasst – um sie dann freilich zu entkräften und den »revolutionären Charakter der Hegelschen Philosophie« zu betonen.[90]

Natürlich ist der Anbiederungseinwand – so gängig und beliebt er auch ist – verfehlt. Das ist sowohl aufgrund etlicher Passagen in der Vorrede (darunter dem unmittelbaren Kontext, der Bezugnahme auf Platon) als auch angesichts des ganzen Duktus der hegelschen Auffassung von Idee, Begriff und Wirklichkeit evident.

Erste Widerlegung: »freies Denken«

Beginnen wir mit dem Passus der Vorrede, wo Hegel für das »freie Denken« eintritt, das »nicht bei dem *Gegebenen*, es sei durch die äußere positive Autorität des Staats oder der Übereinstimmung der Menschen, oder durch die Autorität des inneren Gefühls und Herzens und das unmittelbar bestimmende Zeugnis des Geistes unterstützt, stehenbleibt«, sondern welches darauf dringt, das Wahre nicht nur als *Gegebenes* zu besitzen, sondern es »auch zu *begreifen* und dem schon an sich selbst vernünftigen Inhalt auch die vernünftige Form zu gewinnen, damit er für das freie Denken gerechtfertigt erscheine« (7, 14). Da ist jeder vermeintliche Positivismus überstiegen. Das freie Denken nimmt nichts einfach hin, sondern weiß sich nur dann, wenn sich das Gegebene im Licht des begreifenden Denkens als vernünftig erweist, »im Innersten« mit ihm »geeint« ist (ebd.). Später drückt Hegel das so aus: »Es ist ein großer Eigensinn, der Eigensinn, der dem Menschen Ehre macht, nichts in der Gesinnung anerkennen zu wollen, was nicht durch den Gedanken gerechtfertigt ist« (7, 27).

Blicken wir auf eine zweite Stelle, wo Hegel wiederum »die subjektive Freiheit« betont (ebd.), aber nicht im Sinn der zu seiner Zeit grassierenden subjektiven Zufälligkeit und Beliebigkeit, sondern im Sinne des berechtigten Anspruchs der Subjekte, sich im Substantiellen auch selbst zu finden). Hegel spricht von jener subjektiven Freiheit, an welche »die innere Anforderung ergangen ist«, die vorhandene Wirklichkeit »*zu begreifen*« (ebd.). Diese Freiheit wird »in dem, was substantiell ist«, nicht nur ihre eigene Freiheit zu erhalten wissen, sondern sie wird, wenn das Substantielle tatsächlich die objektive Vernunft verkörpert, mit ihrer »subjektiven Freiheit nicht in einem Besonderen und Zufälligen, sondern in dem, was an und für sich ist«, sich befinden (ebd.). Es geht Hegel also um alles andere als um die Preisgabe der subjektiven Freiheit. Es geht ihm vielmehr um die »Versöhnung« der subjektiven Freiheit mit der Wirklichkeit (ebd.), »der selbstbewußten Vernunft mit der seienden Vernunft« (8, 47).

Zweite Widerlegung: Wirklichkeit im Unterschied zu Erscheinung

Ferner: Was meint Hegel eigentlich, wenn er etwas als wirklich bezeichnet, wenn er also im Doppelsatz von der wechselseitigen Implikation des Vernünftigen und des Wirklichen spricht? Keineswegs alles, was man gemeinhin wirklich nennt, wird auch in Hegels Augen zu Recht wirklich genannt. In der *Enzyklopädie* von 1830 blickt Hegel auf die »Anfeindung« zurück, welche der Doppelsatz von 1820 erfahren hat, und er antwortet mit einer Klarstellung gegen das Missverständnis seines Gebrauchs des Terminus »wirklich«. Keineswegs alles Dasein, so führt er aus, verdient das Prädikat Wirklichkeit – das meiste davon ist bloß Erscheinung. Erstens: Im »gemeinen Leben« mag man zwar »jeden Einfall, den Irrtum, das Böse und was auf diese Seite gehört, sowie jede noch so verkümmerte und vergängliche Existenz« als »Wirklichkeit« bezeichnen (8, 48). Aber zweitens: Schon das »gewöhnliche Gefühl« sperrt sich dagegen, eine »zufällige Existenz« mit dem »emphatischen Namen eines Wirklichen« zu beehren (ebd.). Und drittens: In der Philosophie (und zumal in der hegelschen Philosophie) wird die Wirklichkeit von allem möglichen anderen genau unterschieden: nicht nur »von dem Zufälligen, was doch auch Existenz hat, sondern näher von Dasein, Existenz und anderen Bestimmungen« (ebd.). Diese Differenzierung hat Hegel in seiner *Wissenschaft der Logik* ausführlich vorgenommen. Hegel nennt wirklich nicht jedwede Existenz oder Erscheinung, sondern nur diejenige, die für eine Verwirklichung der Idee gelten darf. Und das ist eben nicht überall der Fall. Denn indem die Idee (»oder das Vernünftige, was synonym ist mit der Idee«, 7, 25) »in die äußere Existenz tritt«, tritt sie »in einem unendlichen Reichtum von Formen, Erscheinungen und Gestaltungen hervor« (ebd.). Da gilt es dann genau zuzusehen und herauszufinden, was denn nun der »innere Puls« ist, den man dann auch noch in den »äußeren Gestaltungen« schlagen fühlen kann (ebd.). Die Buntheit der Erscheinungen ist kein guter Führer. Sie lenkt eher in Richtung des Unwesentlichen ab. Dagegen muss der Begriff die »bunte Rinde« der Erscheinungen durchstoßen, um zu ihrem Wirklichkeitspuls vorzudringen (ebd.). Das ist die genuine Aufgabe und Leistung des philosophischen Begreifens. Es gilt, im Meer der Erscheinungen (des gemeinhin insgesamt als wirklich Geltenden) dasjenige zu identifizieren, was tatsächlich eine Verwirklichung der Idee darstellt. Der spekulative Blick, der dazu imstande ist, macht die Wirklichkeit des Vernünftigen evident.

Hegel führt noch einen weiteren Grund an, warum man gemeinhin nicht glaubt, dass das Vernünftige und das Wirkliche in eins fallen könnten. Diesmal ist nicht das allzu liberale Missverständnis des Wirklichen, sondern das allzu luftige Verständnis des Vernünftigen der Grund. Man meint, »daß Ideen, Ideale weiter nichts als Chimären und die Philosophie ein System von solchen Hirngespinsten sei« (8, 48). Folglich könnten die Ideen mit Wirklichkeit nichts zu tun haben; von einer »*Wirklichkeit des Vernünftigen*« zu sprechen, müsse gänzlich verfehlt sein. Und umgekehrt meint man (aber das läuft auf dasselbe Ergebnis hinaus), »daß die Ideen und Ideale etwas viel zu Vortreffliches seien, um Wirklichkeit zu haben«, oder »etwas zu Ohnmächtiges, um sich solche zu verschaffen« (ebd.).

Man sieht: Sowohl die Banalisierung des Wirklichen als auch die Exaltierung des Vernünftigen führen zu dem Glauben, Wirklichkeit und Vernünftigkeit könnten nicht zueinanderkommen oder gar koextensiv sein. Indem Hegel diesen beiden Irrtümern sich entgegenstellt – der Egalisierung von Wirklichkeit und der Hyperbolisierung der Vernunft –, vermag er Wirklichkeit und Vernunft zusammenzuführen.

Dritte Widerlegung: Begriff und Wirklichkeit

Schließlich legt Hegel unmittelbar nach der Vorrede, im ersten Paragrafen der Einleitung in die *Grundlinien der Philosophie* des Rechts, das systematische Verhältnis von Vernunft und Wirklichkeit dar. Er tut dies unter Rückgriff auf seine generelle Konzeption von Idee, Begriff und Verwirklichung. Die zentrale Aussage lautet, »daß der *Begriff* […] allein es ist, was *Wirklichkei*t hat, und zwar so, daß er sich diese selbst gibt« (7, 29). »Begriff« ist hier nicht im gewöhnlichen Sinn von »bloßen Begriffen« gebraucht (die nur »abstrakte Verstandesbestimmungen« sind), sondern im emphatischen Sinn des Vernünftigen, das auf seine Verwirklichung drängt. Der Begriff als solcher – in seiner einseitigen »Form, nur als Begriff zu sein« (ebd.) – ist sozusagen noch ungesättigt, er bedarf der »Gestaltung« und »Verwirklichung«, und diese wird ihm nicht von anderswoher zuteil, sondern der Begriff drängt selbst auf seine Realisierung (Wirklichkeit), führt diese selber herbei. So sind für Hegel die Seite des Begriffs bzw. der Vernunft und die Seite der Wirklichkeit in der engsten Weise verbunden: Zum Begriff gehört (wie Hegel in seinem Handexemplar der *Rechtsphilosophie* anmerkt), dass er »nicht ein bloßes Innere sei, sondern ebenso reales« sei; und auf der anderen Seite ist insofern »das Äußere, Reale nicht eine begrifflose Realität«, sondern »wesentlich durch den Begriff bestimmt« (7, 30). Diese wechselseitige Inklusion ist das Charakteristikum dessen, was Hegel »die Idee« nennt. Im Grunde ist der Doppelsatz nicht einfach irgendein Satz der Hegelschen Rechtsphilosophie, sondern er bringt den Kern von Hegels systematischer Konzeption insgesamt zum Ausdruck. Er könnte ebenso als Grundsatz der Ontologie und der Epistemologie oder auch der Naturphilosophie oder der Ästhetik gelten. Die wechselseitige Durchdringung von Vernunft und Wirklichkeit, der dieser Satz Ausdruck verleiht, ist ein entscheidendes Signum der hegelschen Philosophie.

Ferner weist Hegel auch in diesem ersten Paragrafen der Einleitung in die *Rechtsphilosophie* auf die klare Unterscheidung von Wirklichkeit im strengen Sinn gegenüber anderen Formen des Daseins (wie zuvor anhand der *Enzyklopädie*-Passage erläutert) hin: »Alles, was nicht diese durch den Begriff selbstgesetzte Wirklichkeit ist, ist vorübergehendes Dasein, äußerliche Zufälligkeit, Meinung, wesenlose Erscheinung, Unwahrheit, Täuschung usf.« (7, 29). Das sind deutliche Worte. Sie hätten, wenn man sie beachtet hätte, vor dem Irrglauben bewahren können, dass Hegel, wenn er dem Staat prinzipiell Wirklichkeit attestiert, sich damit auch schon mit allen Einzelheiten von dessen Erscheinung einverstanden erklären würde.

Hegel zufolge muss man vielmehr unterscheiden zwischen der »durch den Begriff selbstgesetzten Wirklichkeit« (ebd.) einerseits und andererseits den »unendlich mannigfaltigen« äußerlichen Verhältnissen (7, 25), welche diese Realisierung umgeben. Etliches, was historisch vorkommt, was sich aus den Umständen bestens erklären lässt und dadurch gerechtfertigt zu sein scheint, kann gleichwohl »an und für sich unrechtlich und unvernünftig sein« (7, 36). Den Staat im Grunde zu bejahen, heißt keineswegs, alles an seiner Erscheinung zu billigen.

Eloge der freien Persönlichkeit – gegen Platon

Betrachten wir zum Schluss den direkten Kontext, in dem der Doppelsatz auftritt. Es handelt sich um eine kritische Betrachtung von Platons Staatskonzeption.

Zunächst verteidigt Hegel Platon gegen die Einschätzung, dessen Staat stelle nur ein »leeres Ideal« dar (7, 24). Nein, sagt Hegel, Platon war kein Wolkenkuckucksheim-Spekulant, sondern er hat in seiner Konzeption haargenau »die Natur der griechischen Sittlichkeit«, wie sie damals entwickelt war, zum Ausdruck gebracht (ebd.). Nur war die griechische Welt zu Platons Zeit bereits in einem großen Umbruch begriffen. Ein neues

Prinzip drang in sie ein: das Prinzip der »subjektiven Freiheit«, der »selbständigen in sich unendlichen Persönlichkeit des Einzelnen« (7, 342). Diesem neuen Prinzip aber wusste Platon nicht gerecht zu werden. Daher schaltete er auf Abwehr. Er vermochte »mit dem Prinzip der selbständigen Besonderheit, das in seiner Zeit in die griechische Sittlichkeit hereingebrochen war, nicht anders fertigzuwerden, als daß er ihm seinen nur substantiellen Staat entgegenstellte und dasselbe [sc. das Prinzip der selbständigen Besonderheit] bis in seine Anfänge hinein […] ganz ausschloß« (ebd.): »Das Prinzip der *selbständigen in sich unendlichen Persönlichkeit* des Einzelnen, der subjektiven Freiheit […] kommt in jener nur substantiellen Form des wirklichen Geistes nicht zu seinem Rechte« (ebd.). Hegels Kritik ist scharf: Platon habe mit seiner konservativen Staatskonzeption »die freie unendliche Persönlichkeit […] am tiefsten verletzt« (7, 24).

Ebenso wie aufgrund der zuvor erörterten Passagen, wo Hegel »das freie Denken« und die »subjektive Freiheit« als unabdingbare Ingredienzien der modernen Welt herausgestellt hatte, kann auch angesichts dieser Platon-Kritik kein Zweifel sein, dass Hegel weit davon entfernt ist, die Freiheit des Einzelnen dem Staat aufzuopfern. Das Wesen des modernen Staates als der »Verwirklichung der Freiheit« liegt für ihn vielmehr darin, »dass das Allgemeine verbunden sei mit der vollen Freiheit der Besonderheit und dem Wohlergehen der Individuen« (7, 407). Hegel sieht »die ungeheure Stärke und Tiefe« der »modernen Staaten« darin, »das Prinzip der Subjektivität sich zum selbständigen Extreme der persönlichen Besonderheit vollenden zu lassen und zugleich es in die substantielle Einheit zurückzuführen und so in ihm selbst diese zu erhalten« (ebd.). Hegel denkt an alles andere als eine platonische Resubstantialisierung.

Abschließend bezieht sich Hegel dann doch noch einmal positiv auf Platon. Dieser habe sich noch in seinem Scheitern als ein »großer Geist« erwiesen, sofern er zumindest gewahr wurde, welches Prinzip »die Angel« darstellte, »um welche die damals bevorstehende Umwälzung der Welt sich gedreht hat« (7, 24) – das Prinzip der Subjektivität, der selbständigen Besonderheit, der Persönlichkeit des Einzelnen, das Hegel zufolge freilich erst mit dem Christentum in die Welt kam. Zu Platons Zeit war dieses Prinzip allenfalls zu erahnen, aber noch nicht zu begreifen: »Dies Prinzip ist geschichtlich später als die griechische Welt, und ebenso ist die philosophische Reflexion, die bis zu dieser Tiefe hinabsteigt, später als die substantielle Idee der griechischen Philosophie« (7, 342). So erscheint Platons Versagen verständlich und irgendwie entschuldbar.

Dennoch muss man sich über die substantielle Einseitigkeit Platons entschieden erheben. Ebendas bringt der daraufhin folgende Doppelsatz »Was vernünftig ist, das ist wirklich; und was wirklich ist, das ist vernünftig« zum Ausdruck. Er markiert den Übergang von der alten zur neuen Welt. So wie erst diejenige Wirklichkeit, in der das Vernünftige realisiert ist, volle Wirklichkeit ist, so ist auch erst diejenige politische Form die wahrhafte, in der das Prinzip der Subjektivität realisiert ist. Hegels Doppelsatz unterstreicht, dass das Vernünftige in seiner *ganzen* Form, nicht nur in seinem substantiellen, sondern ebenso in seinem subjektiven Aspekt zu realisieren ist – erst dann kann von wahrhafter Freiheit und vom Staat als »Verwirklichung der Freiheit« die Rede sein (7, 407).

Nachbetrachtung

Betrachten wir den Doppelsatz zum Schluss unabhängig von seinem direkten Kontext, also der Bezugnahme auf Platon und der Einbindung in die *Philosophie des Rechts*. Ich habe schon darauf hingewiesen, dass der Satz eigentlich ein generelles und grundlegendes Prinzip der hegelschen Philosophie artikuliert. Man könnte sogar noch weiter gehen und sagen, dass er das Prinzip eines jeden Idealismus zum Ausdruck bringt. Denn der Idealismus lehrt generell, dass die Wirklichkeit geistbestimmt (vernunftbestimmt, begriffsbestimmt) ist, dass also das Vernünftige wirklich und das Wirkliche vernünftig ist. Das galt für den Idealismus eines Heraklit, Platon und Aristoteles ebenso wie für den Idealismus Hegels. Hegel war sogar der Auffassung, dass »jede Philosophie wesentlich Idealismus« sei, die Frage sei nur, ob das idealistische Prinzip jeweils adäquat durchgeführt sei (5, 172).

Können wir heute noch glauben, dass der Geist die Welt bestimmt, dass das Wirkliche im Grunde vernünftig ist? Im bestimmungslogischen Sinn kann man das gewiss noch immer tun: All unsere Bezugnahme auf Gegenstände ist begriffsgeleitet. Aber dafür reichen bloß subjektive Begriffe völlig hin. Und solche hat man heute im Sinn, wenn man von einer Begriffsbestimmtheit des Seienden spricht. Das ist jedoch etwas anderes als das, was Hegel im Sinn hatte. Er meinte, dass unsere Begriffe nicht bloß unsere Begriffe seien, sondern die Begriffe der Sachen selbst sein könnten und sollten. Für Hegel kam es ganz und gar darauf an, dass die Begriffe objektiven Ursprungs sind (dem logischen Prozess der Ideen entstammen), denn nur dann verbürgt die Begriffsbestimmtheit des Seienden Substantialität und produziert nicht bloß subjektive Fiktionen. Die Begriffsbestimmtheit des Seienden vermag nur dann wirkliche Vernünftigkeit zu garantieren, wenn sie einem objektiven Quell entspringt. Andernfalls könnten teuflische Begriffe die Welt prägen und bestimmen, und von dieser Art von Begriffsbestimmtheit wäre dann eben auch nur Teufelswerk – also das Gegenteil von Vernünftigkeit – zu erwarten.

Was lehrt uns ein Blick auf die Wirklichkeit? Stellt sich die heutige Wirklichkeit tatsächlich als vernünftig dar oder, im Gegensatz dazu, eher als chaotisch und verworren und als eher von finsteren als von hellen Mächten bestimmt?

So zu fragen, heißt geradezu schon die Antwort zu geben. Wenn wir mit offenen Augen um uns blicken, sehen wir Überbevölkerung und Unterernährung, Seuchen und Kriege, ungeahnte Klimakatastrophen und Migrationsnöte – von der Konjunktur von Terror, nationalem Egoismus, Machtkalkül und Fake News gar nicht erst zu reden. Ja, *Candide* ist aktuell geblieben – und neuerdings gar noch aktueller geworden. Dass wir, im Sinn des Superoptimisten Leibniz, in der besten aller möglichen Welten leben, musste man wohl nie annehmen. Es genügte schon zu glauben, dass wir in einer guten, in einer von Vernunft bestimmten Welt leben. Das reichte völlig aus, um dann schon im Alltag manchmal geradezu exorbitant eines anderen – leider eines Schlechteren – belehrt zu werden. Die Philosophie mochte das alte Problem der Theodizee (der Rechtfertigung Gottes angesichts der Übel in der Welt) zur Religion abschieben, aber sie konnte dadurch nicht kaschieren, dass sie selber ein Problem der Logodizee (der Rechtfertigung von Vernunft angesichts der Unvernunft in der Welt) hat. Die Vernunft, meint die idealistische Philosophie, durchdringt und bestimmt die Welt. Aber warum ist dann so wenig davon und so viel vom Gegenteil zu bemerken? Weil die Vernunft ohnmächtig ist? Das hat keiner ihrer Apologeten je vertreten (er hätte damit ja den eigenen Glauben an die Vernunftherrschaft desavouiert). Weil ihr andere Mächte entgegenstehen? Das wäre schon plausibler. Aber dann müsste man auch zugeben, dass diese anderen Mächte offenbar stärker sind. Vielleicht ist der Glaube an die Vernunftbestimmtheit der Welt grundlegend verquer. Vielleicht sind eher jene Positionen im Recht, die im Gegensatz zu den logozentrischen Auffassungen voluntaristisch ausgerichtet sind? Vielleicht liegt der Welt nicht eine harmonische Vernunft, sondern ein unkontrollierbarer Wille zugrunde? Oder vielleicht ist auch diese Alternative (für die man an den Gegensatz zwischen Hegel und Schopenhauer denken mag) noch ungenügend. Vielleicht ist der Gegenspieler zum Weltprinzip der Vernunft nicht ein anderes Prinzip (der Wille), sondern ein Bündel unkoordinierter Kräfte und Faktoren, für die Ausdrücke wie Chaos, Zufall,

Unvorhersehbarkeit, Beliebigkeit oder Mischung stehen mögen.

Von vornherein abzuweisen ist das nicht. Wie angedeutet: Die gegenwärtigen Weltzustände (die Wirren der neuen Weltunordnung) können dergleichen nahelegen. Optimisten (und hier schreibt einer) werden dagegen erklären, dass der Weg zur Freiheit, wie Hegel ihn konzipiert hat, unaufhaltsam sei, dass die Rückschläge, die derzeit offenkundig sind, diesen Fortschritt *in the long run* nicht werden aufhalten können. Aber sicher kann man sich nicht sein. Im Gegenteil: dass die sich abzeichnende Klimakatastrophe und die damit verbundenen gigantischen Migrationsbewegungen unfreiheitliche Verhältnisse auf den Plan rufen werden, ist mehr als wahrscheinlich. Weitere Faktoren (wie die sich trotz aller Einzelfortschritte insgesamt abzeichnende Aussichtslosigkeit, die kapitalistische Dynamik sozial und ökonomisch umzulenken) geben zusätzlichen Anlass zu Pessimismus. Der Welt scheint die Vernunft auszugehen.

War der Logozentrismus also eine bloße Illusion – die in unserer Zeit endgültig zerstiebt? Hat sich der Glaube an die Vernunft inzwischen zu Recht verflüchtigt? Ist die Welt im Grunde eine Stätte der Unbestimmtheit, des Chaos, des Zufalls, der Entwürfe und Zerwürfnisse, eines alogischen Spiels?

Oder könnten all diese Phänomene, wie Hegel gemutmaßt hat, nur dem Reich der Erscheinungen zuzurechnen sein, das gegen die Wirklichkeit letztlich nichts zu verschlagen, sondern sie allenfalls zu verdecken vermag?

Blicken wir auf das evolutionistische Weltbild. Es vertritt gewiss einen alogischen Charakter der Welt. Geboren aus einem Zufall, entfaltet sich das Spiel der Welt und des Lebens in diese und jene Richtung, es hätte aber auch andere Richtungen einschlagen, andere Formen hervorbringen, andere Wege nehmen können. Nichts muss sein, nichts bleibt, nichts ist gerechtfertigt. Entstehen und Vergehen, Experiment und Scheitern, Bündnis und Zerwürfnis überall – aber kein Sinn, keine Vernunft, kein Logos, kein Geist.

Und doch ist das selbst in naturwissenschaftlicher Perspektive nur die halbe Wahrheit. Denn inmitten all der mannigfaltigen und ziellos scheinenden Vorgänge der Evolution lässt sich doch ein Muster erkennen. Von den frühesten Prozessen im Kosmos sowie den ersten Erscheinungen des Lebens an folgt die Evolution dem Muster der Selbstorganisation. Dieses bestimmt physikalisch die Bildung der ersten Atome und die Entstehung von Sternen und Galaxien, es findet sich des weiteren in chemischen Phänomenen, und es herrscht vor allem im Reich des Lebendigen: Alle Organismen weisen Formen der Selbstorganisation auf. Schließlich bestimmen Selbstbezüglichkeit, Reflexivität und Selbstorganisation auch den ganzen Bereich des Mentalen. Im Mentalen setzt sich dieses Muster gesteigert fort, das bereits die kosmische, chemische und biologische Evolution bestimmt hat und das geradezu als Treiber der Evolution angesehen werden kann. Geist ist potenzierte Selbstorganisation und Selbstbezüglichkeit und damit die avancierteste Form jenes elementaren Musters, das sich evolutionär zu immer höheren und selbsthafteren Formen gesteigert hat.[91]

Für die Frage der Überholtheit des Logozentrismus hat dies ein überraschendes Ergebnis. Wohl ist die Welt nicht logosbestimmt, Geist liegt ihr nicht zugrunde (wie man es vielfach in der Tradition bis zu Hegel hin hatte sehen wollte). Gleichwohl ist der Geist weltaffin, er ist die fortgeschrittenste Gestalt eines Musters, das schon die gesamte Evolution durchzogen und bestimmt hat. Insofern ist die Welt in ihren Bildungsprozessen durch etwas gekennzeichnet, woran man zwar unter dem Terminus »Geist« zunächst nicht denken würde (da hat man ja eher Begriffe, Prinzipien oder Schlussfolgerungen im Sinn), was aber doch die Grundform von Geist darstellt. Geist liegt der Welt also zwar nicht zugrunde, ist nicht ihr Gründer, aber er durchzieht sie – in zunächst anderer und erst später in ausdrücklich geistiger

Form. Logozentrismus wäre für diese Weltpräsenz des Geistes die falsche Bezeichnung. Sprechen wir eher von einem erwachsenden und begleitenden Geist – von Logokreszenz. Vielleicht kann diese Sicht auch die Tatsache erklären, dass der Geist in der Welt nicht prangend vor Augen steht, sondern sich eher in Spuren zeigt oder gar abwesend scheinen kann. Aber ganz absent ist er in dieser Welt nie. Man darf wohl doch auf ihn setzen.

Literaturverzeichnis

Primärliteratur:

Hegels Schriften werden durchgängig nach der Ausgabe Georg Wilhelm Friedrich Hegel, *Werke*, Frankfurt/Main: Suhrkamp 1986 unter Angabe von Band- und Seitenzahl zitiert.

– Johannes Hoffmeister (Hg.), *Briefe von und an Hegel*, Bd. 1: 1785–1812, Hamburg [3]1969.

– Johannes Hoffmeister (Hg.), *Briefe von und an Hegel*, Bd. III: 1823–1831, Hamburg [3]1969.

– Günther Nicolin (Hg.), *Hegel in Berichten seiner Zeitgenossen*, Hamburg 1970.

Hermann Diels, Walter Kranz (Hg.), *Die Fragmente der Vorsokratiker*, Bd. 1, Zürich [6]1951.

Platon, *Theätet*

– *Symposion*

Aristoteles, *De anima*

– *Metaphysik*

Francis Bacon, *Neues Organ der Wissenschaften* [1620], herausgegeben und übersetzt von Anton Theobald Brück, Darmstadt 1974.

René Descartes, *Discours de la Méthode. Von der Methode des richtigen Vernunftgebrauchs und der wissenschaftlichen Forschung* [1637], herausgegeben und übersetzt von Lüder Gäbe, Hamburg 1960.

Denis Diderot, »Enzyklopädie« [1755], in: ders., *Philosophische Schriften*, Bd. 1, herausgegeben und übersetzt von Theodor Lücke, Berlin 1961, S. 149–234.

Kant, Immanuel, *Allgemeine Naturgeschichte und Theorie des Himmels oder Versuch von der Verfassung und dem mechanischen Ursprunge des ganzen Weltgebäudes, nach Newtonschen Grundsätzen abgehandelt* [1755].

– *Kritik der reinen Vernunft* [1781 und 1787].

– *Kritik der praktischen Vernunft* [1788].

Johann Gottlieb Fichte, *Grundlage der gesamten Wissenschaftslehre. Als Handschrift für seine Zuhörer* [1794], herausgegeben von Wilhelm G. Jacobs, Hamburg 1970.

– »Aenesidemus, oder über die Fundamente der von dem Hrn. Prof. Reinhold in Jena gelieferten Elementar-Philosophie« [1794], in: *J. G. Fichte. Gesamtausgabe der Bayerischen Akademie der Wissenschaften*, Abt. I: *Werke*, Bd. 2: *1793–1795*, herausgegeben von Reinhard Lauth und Hans Jacob, Stuttgart-Bad Cannstatt 1965, S. 41–67.

– *Die Bestimmung des Menschen* [1800], Hamburg 1979.

Johann Wolfgang Goethe, *Maximen und Reflexionen*, in: ders., *Werke. Hamburger Ausgabe in 14 Bänden*, Bd. 12, herausgegeben von Erich Trunz, München 1998.

Heinrich Heine, »Geständnisse« [1854], in: ders., *Sämtliche Werke*, Bd. 13, herausgegeben von Hans Kaufmann und Gotthard Erler, München 1964, S. 89–144.

Arthur Schopenhauer, *Parerga und Paralipomena II* [1851], in: ders., *Sämtliche Werke in fünf Bänden*, Bd. 5, Leipzig o. J.

– *Die Welt als Wille und Vorstellung* [1819], Köln o. J.

Friedrich Nietzsche, »Die fröhliche Wissenschaft« [1882], in: ders., *Sämtliche Werke. Kritische Studienausgabe in 15 Bänden*, Bd. 3, herausgegeben von Giorgio Colli und Mazzino Montinari, München 1980, S. 343–651.

– *Nachgelassene Fragmente. Juli 1882 bis Herbst 1885*, in: ders., *Sämtliche Werke. Kritische Studienausgabe in 15 Bänden*, Bd. 11, herausgegeben von Giorgio Colli und Mazzino Montinari, München 1980.

Friedrich Engels, »Ludwig Feuerbach und der Ausgang der klassischen deutschen Philosophie« [1886], in: *Karl Marx, Friedrich Engels Studienausgabe in 4 Bänden*, Bd. 1, herausgegeben von Iring Fetscher, Frankfurt/Main 1966, S. 182–222.

Sekundärliteratur:

Theodor W. Adorno, *Beethoven. Philosophie der Musik*, Frankfurt/Main 1993.

Karl Friedrich Bachmann, Rezension von: Georg Wilhelm Friedrich Hegel, *System der Wissenschaft. Erster Theil: die Phänomenologie des Geistes [1807]*, in: *Heidelbergische Jahrbücher der Literatur. Theologie, Philosophie und Pädagogik 3* (1810), S. 145–163 und S. 193–209.

Alessandra Lazzerini Belli, »Hegel und Rossini: Das Singen, das man in der Seele empfindet« [1995], in: *Jahrbuch für Hegelforschung*, 4–5 (1998–99), S. 231–261.

Arthur C. Danto, *Die Verklärung des Gewöhnlichen. Eine Philosophie der Kunst*, Frankfurt/Main 1991.

Marcel Duchamp, »Hinsichtlich der ›Readymades‹«, in: ders., *Die Schriften*, Bd. 1, herausgegeben von Serge Stauffer, Zürich 1981.

Hellmut Flashar, »Aristoteles«, in: ders. (Hg.), *Die Philosophie der Antike*, Bd. 3: *Ältere Akademie – Aristoteles – Peripatos*, Basel/Stuttgart 1983, S. 175–457.

Arnold Gehlen, *Zeit-Bilder. Zur Soziologie und Ästhetik der modernen Malerei*, Frankfurt/Main [2]1965.

Ernst H. Gombrich, »Hegel und die Kunstgeschichte«, in: ders., M. Rommel (Hg.), *Hegel-Preis-Reden 1977*, Stuttgart 1977, S. 7–28.

Ferdinand Lassalle, »Ein Gespräch über Hegel«, in: Heinrich Hubert Houben (Hg.): *Gespräche mit Heine*, Frankfurt/Main 1926, S. 484 f.

Arthur O. Lovejoy, *The Great Chain of Being. A Study of the History of an Idea*, Cambridge/Massachusetts 1936.

Siegfried Mauser, *Beethovens Klaviersonaten. Ein musikalischer Werkführer*, München 2001.

Alain Patrick Olivier, *Hegel et la Musique. De l'èxperience esthétique à la speculation philosophique*, Paris 2003.

Michael Tomasello, *Die kulturelle Entwicklung des menschlichen Denkens. Zur Evolution der Kognition*, Frankfurt/Main 2002.

Klaus Vieweg, *Das Denken der Freiheit. Hegels Grundlinien der Philosophie des Rechts*, München 2012.

Wolfgang Welsch, »Zwei Probleme in Hegels Idealismus«, in: ders., Klaus Vieweg, *Das Interesse des Denkens. Hegel aus heutiger Sicht*, München 2003, S. 247–282.
– »Absoluter Idealismus und Evolutionsdenken«, in: ders., Klaus Vieweg, *Hegels Phänomenologie des Geistes. Ein kooperativer Kommentar zu einem Schlüsselwerk der Moderne*, Frankfurt/Main 2008, S. 655–688.
– *Immer nur der Mensch? Entwürfe zu einer anderen Anthropologie*, Berlin 2011.
– *Homo mundanus. Jenseits der anthropischen Denkform der Moderne*, Weilerswist [2]2015.
– *Der Philosoph. Die Gedankenwelt des Aristoteles,* München 22018.
– *Transkulturalität: Realität – Geschichte – Aufgabe,* Wien 2017.
– »Aristoteles: Bewegendes und Bewegtes – eine erotische Ontologie«, in: ders. (Hg.), Glanzmomente der Philosophie. Von Heraklit bis Kristeva, München 2021, S. 47–56.

Anmerkungen

1 Dieser Abschnitt ist zuerst in meinem Buch *Glanzmomente der Philosophie* (2021) erschienen und wird hier mit freundlicher Genehmigung des Verlages C. H. Beck (München) abgedruckt.

2 Hegels Schriften werden durchgängig nach der Ausgabe Georg Wilhelm Friedrich Hegel, *Werke*, Frankfurt/Main 1986 unter Angabe von Band- und Seitenzahl zitiert.

3 »Mit bloßen Abstraktionen oder formellen Gedanken hat es darum überhaupt die Philosophie ganz und gar nicht zu tun, sondern allein mit konkreten Gedanken« (8, 177).

4 Textquelle sind hauptsächlich die *Vorlesungen über die Geschichte der Philosophie*, die Hegel in seiner Berliner Zeit sechsmal gehalten hat (1819, 1820/21, 1823/24, 1827/28, 1829/30, 1831/32) und die posthum 1833–36 publiziert wurden.

5 In der *Enzyklopädie* heißt es dazu: »Wenn vom Widerlegen einer Philosophie die Rede ist, so pflegt dies zunächst nur im abstrakt negativen Sinn genommen zu werden, dergestalt, daß die widerlegte Philosophie überhaupt nicht mehr gilt, dass dieselbe beseitigt und abgetan ist. Wenn dem so wäre, so müßte das Studium der Geschichte der Philosophie als ein durchaus trauriges Geschäft betrachtet werden, da dieses Studium lehrt, wie alle im Verlauf der Zeit hervorgetretenen philosophischen Systeme ihre Widerlegung gefunden haben. Nun aber muß,

ebenso gut als zuzugeben ist, daß alle Philosophien widerlegt worden sind, zugleich auch behauptet werden, dass keine Philosophie widerlegt worden ist noch auch widerlegt zu werden vermag. Letzteres ist in der gedoppelten Beziehung der Fall, als einmal eine jede Philosophie, welche diesen Namen verdient, die Idee überhaupt zu ihrem Inhalt hat und als zweitens ein jedes philosophischen System als die Darstellung eines besonderen Momentes oder einer besonderen Stufe im Entwicklungsprozeß der Idee zu betrachten ist. Das Widerlegen einer Philosophie hat also nur den Sinn, daß deren Schranke überschritten und daß das bestimmte Prinzip derselben zu einem ideellen Moment herabgesetzt wird« (8, 184 f.).

6 Vgl. dazu schon in der Vorrede zur *Phänomenologie des Geistes*: »So fest der Meinung der Gegensatz des Wahren und des Falschen wird, so pflegt sie auch entweder Beistimmung oder Widerspruch gegen ein vorhandenes philosophisches System zu erwarten und in einer Erklärung über ein solches nur entweder das eine oder das andere zu sehen. Sie begreift die Verschiedenheit philosophischer Systeme nicht so sehr als die fortschreitende Entwicklung der Wahrheit, als sie in der Verschiedenheit nur den Widerspruch sieht. Die Knospe verschwindet in dem Hervorbrechen der Blüte, und man könnte sagen, daß jene von dieser widerlegt wird; ebenso wird durch die Frucht die Blüte für ein falsches Dasein der Pflanze erklärt, und als ihre Wahrheit

tritt jene an die Stelle von dieser. Diese Formen unterscheiden sich nicht nur, sondern verdrängen sich auch als unverträglich miteinander. Aber ihre flüssige Natur macht sie zugleich zu Momenten der organischen Einheit, worin sie sich nicht nur nicht widerstreiten, sondern eins so notwendig als das andere ist, und diese gleiche Notwendigkeit macht erst das Leben des Ganzen aus. Aber der Widerspruch gegen ein philosophisches System pflegt teils sich selbst nicht auf diese Weise zu begreifen, teils auch weiß das auffassende Bewußtsein gemeinhin nicht, ihn von seiner Einseitigkeit zu befreien oder frei zu erhalten und in der Gestalt des streitend und sich zuwider Scheinenden gegenseitig notwendige Momente zu erkennen« (3, 12).

7 »Die verschiedenen Stufen der logischen Idee finden wir in der Geschichte der Philosophie in der Gestalt nacheinander hervorgetretener philosophischer Systeme, deren jedes eine besondere Definition des Absoluten zu seiner Grundlage hat« (8, 184).

8 Der »logische Fortgang« gibt nur »nach seinen Hauptmomenten« die geschichtliche Entwicklung (»den Fortgang der geschichtlichen Erscheinungen«) an (18, 49); vgl. auch 8, 185.

9 »Es ist so diese Philosophie keine vergangene; ihr Prinzip ist wesentlich und findet sich in meiner *Logik* im Anfange, gleich nach dem Sein und dem Nichts« (18, 325). »[…] es ist kein Satz des Heraklit, den ich nicht in meine Logik aufgenommen« (320).

10 »Die der Zeit nach letzte Philosophie ist das Resultat aller vorhergehenden Philosophien und muß daher die Prinzipien aller enthalten; sie ist darum, wenn sie anders Philosophie ist, die entfaltetste, reichste und konkreteste« (8, 58).

11 Vgl. Klaus Vieweg, *Das Denken der Freiheit. Hegels Grundlinien der Philosophie des Rechts*, München 2012.

12 Arthur O. Lovejoy, *The Great Chain of Being: A Study of the History of an Idea*, Cambridge 1936.

13 Vgl. dazu Abschnitt 5.

14 Bei Hegel hieß das: »Ist erst das Reich der Vorstellung revolutioniert, so hält die Wirklichkeit nicht aus.« Vgl. Brief Hegels an Niethammer, 28.10.1808, in: *Briefe von und an Hegel*, Bd. 1: 1785–1812, hrsg. v. Johannes Hoffmeister, Hamburg [3]1969, S. 251–254, hier S. 253.

15 Vgl. dazu ausführlicher: Verf., *Homo mundanus. Jenseits der anthropischen Denkform der Moderne*, Weilerswist 2012, [2]2015, S. 742–752.

16 Daher der Topos, dass die Späteren weiter zu sehen vermögen, weil sie auf den Schultern von Riesen stehen.

17 Vgl. Michael Tomasello, *Die kulturelle Entwicklung des menschlichen Denkens. Zur Evolution der Kognition* [1999] (Frankfurt am Main: Suhrkamp 2002).

18 Vgl. Verf., *Transkulturalität: Realität – Geschichte – Aufgabe*, Wien 2017.

19 »[…] es herrschen die falschesten Vorurteile über ihn« (19, 133); »in der Tat an keiner Philosophie hat sich die neuere Zeit so vergangen als

an ihr und keinem der alten Philosophen ist so viel abzubitten als Aristoteles« (19, 242).

20 »[...] über den ganzen Umkreis der menschlichen Vorstellungen verbreitet sich Aristoteles, er hat sie seinen Gedanken unterworfen; seine Philosophie ist so umfassend« (145).

21 Er nimmt das Vielfältige der Empirie »als spekulativer Philosoph auf und verarbeitet es so, daß der tiefste spekulative Begriff daraus hervorgeht« (146).

22 Schon in der Antike hat man diesen Doppelcharakter von umfassender Empirie und eindringlichem Begreifen als Spezifikum des Aristoteles erkannt. Man nannte Aristoteles (mit Blick auf seine ausgedehnte Empirie) den »Sekretär der Natur«, fügte aber (mit Blick auf seine gedankliche Durchdringungsleistung) hinzu, dass er »sein Schreibrohr in die Vernunft eintaucht«, zitiert nach Hellmut Flashar, »Aristoteles«, in: *Die Philosophie der Antike*, Bd. 3: *Ältere Akademie – Aristoteles – Peripatos*, hrsg. v. Hellmut Flashar, Basel/Stuttgart 1983, S. 175–457, hier S. 410.

23 Aristoteles, *Metaphysik* I 2, 983 a 17 f.

24 Ebd., 983 19–21. Der Unterschied zu Platon ist evident. Diesem zufolge bildet das Staunen nicht nur den »Anfang der Philosophie« (*Theätet* 155 d 2–5), sondern stellt deren bleibendes Pathos dar: Noch die Schau der höchsten Idee soll mit Staunen verbunden sein (*Symposion* 210 e 4 f.). Dem setzt Aristoteles die Auflösung des Staunens im wirklichen Erkennen entgegen.

25 Vgl. Verf., *Der Philosoph. Die Gedankenwelt des Aristoteles*, München 2012, [2]2018), S. 383–385.

26 Aristoteles, *Physik* II 1, 192 b 13 f.

27 Aristoteles betrachtet »die Natur von etwas als ein solches, das Zweck in sich ist« (19, 174).

28 Francis Bacon, *Neues Organ der Wissenschaften* [1620], Darmstadt 1974, S. 22.

29 Ebd., S. 37 [I 51].

30 Ebd., S. 25.

31 René Descartes, *Discours de la Méthode – Von der Methode des richtigen Vernunftgebrauchs und der wissenschaftlichen Forschung* [1637], Hamburg 1960, S. 101.

32 Einen ersten Schritt dazu hatte laut Hegel schon Kant getan, für den »das Lebendige sich selbst Zweck« ist und »als Selbstzweck beurteilt« werden muss (19, 177).

33 Aristoteles, *De anima* II 12, 424 a 18–21.

34 Ebd., III 4, 429 b 31 – 430 a 1 f.

35 Aristoteles, *Metaphysik*, XII 7, 1072 b 21.

36 Der vermeintliche Parade-Idealist der Antike, Platon, kommt da in Hegels Augen nicht mit: »Das Platonische ist im Allgemeinen das Objektive, aber das Prinzip der Lebendigkeit, das Prinzip der Subjektivität fehlt darin; und dies Prinzip der Lebendigkeit, der Subjektivität […] ist Aristoteles eigentümlich« (19, 153).

37 10, 395. – Der Text lautet in Übersetzung: »Das Denken an sich aber geht auf das an sich Beste, das höchste Denken auf das Höchste. Sich selbst denkt der Geist in Ergreifung des Denkbaren; denn denkbar wird er selbst, den Gegenstand berührend und erfassend, so dass Denken und Gedachtes dasselbe ist. Denn der Geist ist das

aufnehmende Vermögen für das Denkbare und das Wesen. Er ist in wirklicher Tätigkeit, indem er das Gedachte hat. Also ist jenes, das Gedachte, noch in vollerem Sinne göttlich als das, was der Geist Göttliches zu enthalten scheint, und die Betrachtung ist das Angenehmste und Beste. Wenn sich nun so wohl, wie wir zuweilen, die Gottheit immer befindet, so ist sie bewundernswert, wenn aber noch wohler, dann noch bewundernswerter. So verhält es sich aber mit ihr. Und Leben wohnt in ihr; denn des Geistes wirkliche Tätigkeit ist Leben, die Gottheit aber ist die Tätigkeit; ihre Tätigkeit an sich ist bestes und ewiges Leben. Die Gottheit, sagen wir, ist das ewige, beste lebendige Wesen, so dass der Gottheit Leben und stetige, ewige Fortdauer zukommt; denn dies ist die Gottheit«, in: Aristoteles, *Metaphysik* XII 7, 1072 b 18–30.

38 Karl Friedrich Bachmann, Rezension von: Georg Wilhelm Friedrich Hegel, *System der Wissenschaft. Erster Theil: die Phänomenologie des Geistes* [1807], in: *Heidelbergische Jahrbücher der Literatur. Theologie, Philosophie und Pädagogik* 3 (1810), S. 145–163 und S. 193–209, hier S. 146.

39 Vgl. zu dieser Konzeption ausführlicher: Verf., »Absoluter Idealismus und Evolutionsdenken«, in: ders., *Immer nur der Mensch? Entwürfe zu einer anderen Anthropologie*, Berlin 2011, S. 251–276.

40 »Übergehen ist dasselbe als Werden, nur daß in jenem die beiden, von deren einem zum anderen übergegangen wird, mehr als auseinander

ruhend und das Übergehen als *zwischen* ihnen geschehend vorgestellt wird« (5, 97).

41 Das hatte Hegel zufolge schon Heraklit erfasst: »Der tiefsinnige Heraklit hob gegen jene einfache und einseitige Abstraktion den höheren totalen Begriff des Werdens hervor und sagte: *Das Sein ist so wenig als das Nichts*, oder auch: [...] Alles ist *Werden*« (5, 84).

42 »Sie *sind* also in dieser Einheit, aber als Verschwindende, nur als *Aufgehobene*« (5, 112).

43 Friedrich Nietzsche, *Die fröhliche Wissenschaft* [1882], in: ders., *Sämtliche Werke. Kritische Studienausgabe in 15 Bänden*, hrsg. v. Giorgio Colli und Mazzino Montinari, München 1980, Bd. 3, S. 343–651, hier S. 598 [357].

44 Ebd.

45 Gewiss bildete Hegels *Logik* nicht den einzigen Anstoß. Materialistische Ansätze in der Kosmologie hatten (von Descartes' 1644 in den *Prinzipien der Philosophie* entwickelter Wirbeltheorie bis zu Kants *Allgemeiner Naturgeschichte und Theorie des Himmels* von 1755) gute Vorarbeit geleistet; ebenso dann Diderot mit seinem sensualistischen Monismus (vgl. »Gespräch zwischen d'Alembert und Diderot« und »D'Alemberts Traum« von 1769). Auch sind gravierende Unterschiede zwischen Hegels logischer und Darwins natürlicher Evolution nicht zu übersehen – die Erstere folgt einem Gang der Notwendigkeit, die Letztere spricht dem Zufall eine entscheidende Rolle zu. Aber dass Hegel gerade in der grundlegenden Sphäre des Begriffs die Statik überwand,

mag doch, wie Nietzsche mutmaßt, allem Folgenden zugearbeitet haben.

46 Nietzsche, *Nachgelassene Fragmente. Juli 1882 bis Herbst 1885*, in: ders., *Sämtliche Werke*, a. a. O., Bd. 11, 442.

47 Dass das Einzelne und das Allgemeine nie direkt zusammenkommen, sondern der Vermittlung durch das Besondere bedürfen, ist ein Hauptpunkt in Hegels Sicht. »Die Einzelheit schließt sich durch die Besonderheit mit der Allgemeinheit zusammen; das Einzelne ist nicht unmittelbar allgemein, sondern durch die Besonderheit; und umgekehrt ist ebenso das Allgemeine nicht unmittelbar einzeln, sondern es läßt sich durch die Besonderheit dazu herab« (6, 355).

48 Dabei versteht Hegel des Näheren die Besonderheit als »die Mitte, welche die Extreme des Allgemeinen und Einzelnen zusammenschließt« (8, 84).

49 Vgl. dazu Verf., »Aristoteles: Bewegendes und Bewegtes – eine erotische Ontologie«, in: ders., *Glanzmomente der Philosophie. Von Heraklit bis Kristeva*, München 2021, S. 47–56.

50 Die Idee ist ebenfalls als Schluss bestimmt – gar als Verbund von drei Schlüssen (10, 393 f.).

51 Vgl. dazu die Nachweise im nächsten Abschnitt.

52 Vgl. Verf., *Homo mundanus. Jenseits der anthropischen Denkform der Moderne* , a. a. O., S. 898–926.

53 Hegel zu Kant: »In jener Deduktion der Verstandesforderungen ist das Prinzip der Spekulation, die Identität des Subjekts und Objekts, aufs be-

stimmteste ausgesprochen; diese Theorie des Verstandes ist von der Vernunft über die Taufe gehalten worden« (2, 10). Zu Fichte: »Die Fichtesche Philosophie hat den großen Vorzug und das Wichtige, aufgestellt zu haben, daß Philosophie Wissenschaft aus höchstem Grundsatz sein muß, woraus alle Bestimmungen notwendig abgeleitet sind« (20, 390).

54 Ich greife im Folgenden auf kritische Gesichtspunkte zurück, die ich zuerst in »Zwei Probleme in Hegels Idealismus« (in: *Das Interesse des Denkens. Hegel aus heutiger Sicht*, hrsg. v. Wolfgang Welsch und Klaus Vieweg, München 2003, S. 247–282) sowie in »Absoluter Idealismus und Evolutionsdenken« (in: *Hegels Phänomenologie des Geistes. Ein kooperativer Kommentar zu einem Schlüsselwerk der Moderne*, hrsg. v. Klaus Vieweg und Wolfgang Welsch, Frankfurt/Main 2008, S. 655–688 entwickelt habe.

55 Vgl. Kant, *Kritik der reinen Vernunft*, B 137 [§ 17].

56 Vgl. ebd., B 138 [§ 17]).

57 Ebd., B 135 [§ 16].

58 Johann Gottlieb Fichte, *Die Bestimmung des Menschen* [1800] (Hamburg: Meiner 1979), 58.

59 Ein naheliegender Einwand würde lauten: Für Hegel steht die Stufe des Selbstbewusstseins doch (in der *Phänomenologie* wie in der *Enzyklopädie*) weit unter den Stufen der Vernunft und des Geistes; also geht es ihm offenbar gerade um eine *Übersteigung* und nicht um eine fortdauernde Geltung des Selbstbewusstseins. Das ist wohl richtig. Aber meine These ist nicht, dass die in

der Folge von Bewusstsein, Selbstbewusstsein, Vernunft und Geist als Selbstbewusstsein bezeichnete *Stufe* das Modell für Geist und Idee abgebe, sondern dass die *Struktur* des Selbstbewusstseins dieses Modell bilde. Die in der *Phänomenologie des Geistes* als Selbstbewusstsein bezeichnete Stufe ist ohne Zweifel noch defizitär. Sie stellt nur ein *erstes Auftreten* der *Struktur* des Selbstbewusstseins dar, ist aber noch weit davon entfernt, sie zu erfüllen. Daher ist der Fortgang nötig, aber dieser führt eben zu nichts anderem als zur vollen Entfaltung der Selbstbewusstseins-Struktur.

60 Vgl. *Die Fragmente der Vorsokratiker*, hrsg. v. Hermann Diels und Walter Kranz, 3 Bde., Bd. 1, Zürich [6]1951, S. 132 [B 11].

61 »Denn die griechische natürliche Heiterkeit ist noch nicht fortgegangen bis zur subjektiven Freiheit des Ich-selbst, noch nicht zu dieser Innerlichkeit, noch nicht bis zur Bestimmung des Geistes als eines *Diesen*« (12, 393).

62 Das ist die Wahrheit des »witzigen französischen Wortes: Gott habe den Menschen nach seinem Bilde geschaffen, aber der Mensch habe es ihm heimgegeben und Gott nach des Menschen Bilde geschaffen« (14, 23).

63 Johann Wolfgang Goethe, *Maximen und Reflexionen*, in: ders., *Werke. Hamburger Ausgabe in 14 Bänden*, Bd. 12, München 1998, S. 365–547, hier S. 530 [1220]. Ein Beispiel: »Fall und Stoß: dadurch die Bewegung der Weltkörper erklären zu wollen, ist eigentlich ein versteckter Anthro-

pomorphismus; es ist des Wanderers Gang übers Feld. Der aufgehobene Fuß sinkt nieder, der zurückgebliebene strebt vorwärts und fällt, und immer so fort vom Ausgehen bis zum Ankommen« (ebd., 460 [679]).

64 Heinrich Heine, »Geständnisse« [1854], in: ders., *Sämtliche Werke*, Bd. 13, München 1964, S. 89–144, hier S. 118.

65 So hat es Heine Ende 1845 Lassalle mitgeteilt. Vgl. Ferdinand Lassalle, »Ein Gespräch über Hegel«, in: *Gespräche mit Heine*, hrsg. v. Heinrich Hubert Houben, Frankfurt/Main 1926, S. 484 f., hier S. 485).

66 Immanuel Kant, *Allgemeine Naturgeschichte und Theorie des Himmels oder Versuch von der Verfassung und dem mechanischen Ursprunge des ganzen Weltgebäudes, nach Newtonschen Grundsätzen abgehandelt* [1755], A 200.

67 Ebd., A 199.

68 Ders., *Kritik der praktischen Vernunft* [1788], A 289.

69 Ebd., 289 f.

70 Man fühlt sich an Diderot erinnert, der geschrieben hatte: »Wenn man den Menschen oder das denkende, die Erdoberfläche von oben betrachtende Wesen ausschließt, dann ist das erhabene und ergreifende Schauspiel der Natur nur noch eine traurige und stumme Szene. Das Weltall verstummt, Schweigen und Dunkelheit überwältigen es; alles verwandelt sich in eine ungeheure Einöde, in der sich die Erscheinungen – unbeobachtete Erscheinungen – dunkel und dumpf

abspielen. Das Dasein des Menschen macht die Existenz der Dinge doch erst interessant«, Denis Diderot, »Enzyklopädie« [1755], in: ders., *Philosophische Schriften*, Berlin 1961, Bd. 1, S. 149–234, hier S. 186.

71 Die Natur ist »die Idee in ihrem Anderssein« (9, 25).

72 Allerdings: zu Hegels Lebzeiten wurde der Satz verschiedentlich so verstanden. So schrieb Felix Mendelssohn-Bartholdy, der bei Hegel Vorlesungen gehört hatte, 1831 an seine Schwestern: »Aber toll ist es doch, daß Goethe und Thorwaldsen leben, daß Beethoven erst vor ein paar Jahren gestorben ist und daß Hegel behauptet, die deutsche Kunst sei mausetot«, *Hegel in Berichten seiner Zeitgenossen*, hrsg. v. G. Nicolin, Hamburg 1970, S. 430 [669].

73 Hegel hat zweimal in Heidelberg (1817 und 1818) und viermal in Berlin Vorlesungen über Ästhetik gehalten (1820/21, 1823, 1826 und 1828/29). Nach seinem Tod hat sein Schüler Heinrich Gustav Hotho 1835 anhand von Hegels Skizzen und Entwürfen sowie von diversen Vorlesungsnachschriften die *Vorlesungen über die Ästhetik* in einer systematisch gebündelten Form publiziert. Inzwischen wurde eine Vielzahl weiterer Nachschriften veröffentlicht.

74 Ernst Gombrich hat nicht zu Unrecht in Hegel den »Vater der Kunstgeschichte« gesehen, Ernst H. Gombrich, »Hegel und die Kunstgeschichte«, in: *Hegel-Preis-Reden 1977*, Stuttgart 1977, S. 7–28, hier S. 7.

75 Arnold Gehlen, *Zeit-Bilder. Zur Soziologie und Ästhetik der modernen Malerei* [1960], Frankfurt/Main [2]1965, S. 221.

76 Marcel Duchamp, »Hinsichtlich der ›Readymades‹«, in: Marcel Duchamp, *Die Schriften*, Bd. 1, hrsg. v. Serge Stauffer, Zürich 1981, S. 242.

77 Arthur C. Danto, *Die Verklärung des Gewöhnlichen. Eine Philosophie der Kunst* [1981], Frankfurt/Main 1991, S. 147 f.

78 *Hegel in Berichten seiner Zeitgenossen*, hrsg. v. G. Nicolin, Hamburg 1970, S. 271 [415].

79 »Das Tonreich hat wohl ein Verhältnis zum Gemüt und ein Zusammenstimmen mit den geistigen Bewegungen desselben; weiter aber als zu einem immer unbestimmteren Sympathisieren kommt es nicht« (15, 146).

80 Vgl. die Feststellung von Alessandra Lazzerini Belli, dass Hegel »die Größe Rossinis mit einer Schärfe erkannt« hat, »die viel tiefer als die oberflächliche Begeisterung vieler Zeitgenossen war«, Alessandra Lazzerini Belli, »Hegel und Rossini: Das Singen, das man in der Seele empfindet« [1995], *Jahrbuch für Hegelforschung*, 4–5, 1998–1999, S. 231–261, hier S. 231.

81 In der diesbezüglichen Hochschätzung von Rossini war Hegels Antipode Schopenhauer mit Hegel übrigens ausnahmsweise einmal einig. Schopenhauer schrieb: »Die höhnende Verachtung, mit welcher der große Rossini bisweilen den Text behandelt hat, ist […] echt musikalisch«, Arthur Schopenhauer, *Parerga und Paralipomena II* [1851], in: ders., *Sämtliche Werke in fünf Bänden*,

Bd. 5, Leipzig o. J., S. 467. Und auch: »Wenn also die Musik so sehr sich den Worten anzuschließen und nach den Begebenheiten zu modeln sucht, so ist sie bemüht, eine Sprache zu reden, welche nicht die ihrige ist. Von diesem Fehler hat keiner sich so rein gehalten wie Rossini: Daher spricht seine Musik so deutlich und rein ihre *eigene* Sprache, daß sie der Worte gar nicht bedarf« (Arthur Schopenhauer, *Die Welt als Wille und Vorstellung* [1819], Köln: Atlas o. J., § 52, 297).

82 *Briefe von und an Hegel*, Bd. III: 1823–31, hrsg. v. Johannes Hoffmeister, Hamburg [3]1969, S. 55 [21. September 1824]. Nachweise daraus im Folgenden im Haupttext.

83 Das hatte Hegel schon in Wien fasziniert: »die Sänger«, schrieb er an seine Frau, »erzeugen und erfinden Ausdruck, Koloraturen aus sich selbst; es sind Künstler, Compositeurs so gut als der die Oper in Musik gesetzt«, Briefe 56.

84 Es ist bedauerlich, dass die musikologische Diskussion dies weitesthin verkannt oder nicht berücksichtigt hat.

85 Theodor W. Adorno, *Beethoven. Philosophie der Musik*, Frankfurt/Main 1993, S. 36 [fr 29].

86 Siegfried Mauser, *Beethovens Klaviersonaten. Ein musikalischer Werkführer*, München 2001.

87 Alain Patrick Olivier, *Hegel et la Musique: De l'experience esthétique à la speculation philosophique*, Paris 2003, S. 253 bzw. S. 242.

88 Johann Gottlieb Fichte, *Grundlage der gesamten Wissenschaftslehre* [1794], Hamburg 1970, S. 18 [§ 1].

89 Ders., Rez. *Aenesidemus, oder über die Fundamente der von dem Hrn. Prof. Reinhold in Jena gelieferten Elementar-Philosophie* [1794], in: *J. G. Fichte. Gesamtausgabe der Bayerischen Akademie der Wissenschaften*, Abt. I: Werke, Bd. 2: 1793–1795, hrsg. v. Reinhard Lauth und Hans Jacob, Stuttgart-Bad Cannstatt 1965, S. 41–67, hier S. 57.

90 Friedrich Engels, »Ludwig Feuerbach und der Ausgang der klassischen deutschen Philosophie« [1886], in: *Karl Marx, Friedrich Engels Studienausgabe in 4 Bänden*, hrsg. v. Iring Fetscher, Bd. 1, Frankfurt/Main 1966, S. 182–222, hier S. 184 bzw. S. 185.

91 Vgl. dazu des Näheren: Verf., *Homo mundanus. Jenseits der anthropischen Denkform der Moderne*, a. a. O., S. 876–886.

Erste Auflage Berlin 2022
Copyright © 2021 MSB Matthes & Seitz Berlin
Verlagsgesellschaft mbH
Göhrenener Str. 7 | 10437 Berlin
info@matthes-seitz-berlin.de
Alle Rechte vorbehalten
Satz: Monika Grucza-Nápoles, Berlin
Druck und Bindung: CPI, Birkach
Umschlaggestaltung nach einer Idee
von Pierre Faucheux
ISBN 978-3-7518-0521-6
www.matthes-seitz-berlin.de